ARNDT SPIETH

Kreuz und quer durch Konstanz

Silberburg-Verlag
www.silberburg.de

ARNDT SPIETH

Kreuz und quer durch KONSTANZ

- Die schönsten Stadtwanderungen
- Die besten Adressen

Arndt Spieth, Jahrgang 1962, studierte in Tübingen und Durham Diplom-Geographie mit Botanik und Geologie. Er lebt und arbeitet als freier Autor in Tübingen. Für seine Bücher fotografiert er auch selbst – mit Hingabe und Begeisterung.

1. Auflage 2017

Umschlaggestaltung:
Christoph Wöhler, Tübingen,
unter Verwendung einer Fotografie
von Peter Sandbiller.
Lektorat: Textwerkstatt Gabler,
Esther Gabler, Steinenbronn.
Bildnachweis:
Zeppelin Museum
Friedrichshafen: S. 144, 145;
Bädergesellschaft Konstanz: S. 186.
Alle übrigen Fotos: Arndt Spieth.
Kartengrundlage:
Amtlicher Stadtplan Konstanz,
© Amt für Liegenschaften
und Geoinformation Konstanz,
AZ.: 6252-10.2017/8001.
Druck: Grammlich, Pliezhausen.
Printed in Germany.

ISBN 978-3-8425-2021-9

Besuchen Sie uns im Internet
und entdecken Sie die Vielfalt
unseres Verlagsprogramms:
www.silberburg.de

Inhalt

VORWORT

Konstanz entdecken und erleben

Obwohl Konstanz nicht gerade zu den großen deutschen Metropolen gehört, können sich nur wenige deutsche Städte mit seiner historischen Bedeutung messen. Bei Spaziergängen durch die mittelalterliche Altstadt erleben wir auf Schritt und Tritt die große Vergangenheit der Stadt. Hier hat der römische Kaiser Konstantin I. die Grenzen des römischen Reiches verteidigt, hier wurde zum ersten und einzigen Mal auf deutschem Boden ein Papst gewählt und dabei wurde hier aber auch der tschechische Reformator Jan Hus auf dem Scheiterhaufen verbrannt. Viele Häuser stammen noch aus dem Mittelalter, und bei Sanierungen oder neuen Bauvorhaben stößt man an allen Ecken und Enden auf die Überreste vergangener Zeiten.

Zugemauertes Fenster eines romanischen Hauses.

Konstanz muss schon im Mittelalter eine beachtliche Stadt gewesen sein. So schwärmte der damals bekannte Tiroler Ritter, Sänger und Dichter Oswald von Wolkenstein vor dem versammelten Konzil Anfang des 15. Jahrhunderts: »Oh wunderschönes Paradies (O wunnikliches paradies …), allein in Konstanz find ich dich.« Das Besondere an Konstanz ist die einmalige Symbiose von bedeutender historischer und moderner Architektur, von quirligem Leben und herrlichem Naturraum am Bodensee. Die Seepromenade mit prächtigen Häusern, die fast endlos erscheinende Wasserfläche, die schönen Aussichtshügel in den nördlichen Stadtteilen, die Restaurants und Biergärten am Hafen, die Imperia und die unzähligen Boote – all das prägt zusammen mit den mittelalterlichen Gassen

Meisterwerk der Gotik: Münsterkreuzgang.

der Altstadt das südliche Flair von Konstanz. Konstanz ist aber keinesfalls museal. Die größte Einkaufsstadt am Bodensee ist – auch durch seine beliebte Universität und die Hochschule – bunt, weltoffen und quicklebendig. In den alten Gassen trifft man überall auf bezaubernde Läden, gemütliche Kneipen, Cafés, Bars und gute Restaurants. Neben der Altstadt und den wunderschönen Seepromenaden haben auch die Wohnviertel drumherum jede Menge Sehenswertes zu bieten: Alte und auch moderne Villen sowie ausgedehnte grüne Wohngebiete durchziehen die schönen Hanglagen um den Raiteberg und die Allmannshöhe. Sie laden zu reizvollen und spannenden Wanderungen mit herrlichen Ausblicken auf den See ein. Wir spazieren auch ins angrenzende Kreuzlingen zum Seeburgpark mit seinem märchenhaften Schloss.

Konstanz ist nicht nur eine wunderschöne Stadt am See, sondern auch ein idealer Ausgangspunkt für lohnenswerte Ausflüge. Man braucht dafür nicht weit zu fahren, denn viele Sehenswürdigkeiten warten sozusagen direkt vor den Toren der Stadt auf ihre Erkundung. Bekannte Highlights sind Meersburg und die Insel Reichenau. Weitere attraktive Ziele befinden sich in der Schweiz, zum Beispiel mit dem faszinierenden Säntismassiv. Auch der Hegau mit seinen imposanten Vulkanbergen ist mit dem Regionalzug »Seehas« oder über die B 33 gut erreichbar.

EINLEITUNG

Kurze Stadtgeschichte

»Chur das oberste, Konstanz das größte, Basel das lustigste, Straßburg das edelste, Speyer das andächtigste, Worms das ärmste, Mainz das würdigste, Trier das älteste, Köln das reichste Hochstift.« So sagte es Kaiser Maximilian I., der den Rhein aufgrund seiner vielen Bistümer gerne scherzhaft als »lange Pfaffengasse« bezeichnete, mit seinem berühmten Ausspruch sehr treffend. Das Konstanzer Bistum war eines der größten und bedeutendsten überhaupt. Konstanz und seine Region hatten in der Vergangenheit eine wichtige politische Rolle und waren immer wieder zentraler Schauplatz europäischer Geschichte. Da diese einzigartige Historie der Bodenseestadt auch heute noch allgegenwärtig ist, lohnt es sich, wenn auch nur im Geiste, auch einen Spaziergang durch ihre Geschichte zu machen.

Archaische Unterwelt: Krypta mit der Konrad-Scheibe.

VON DEN PFAHLBAUSIEDLUNGEN BIS ZUM KONZIL

Die ersten Siedlungsspuren im Konstanzer Stadtbereich reichen bis in die Zeit der Jungsteinzeit zurück. Um 2000 v. Chr. wird das gesamte Bodensee-Ufer von Pfahlbauern besiedelt, die wohl auch am Konstanzer Ufer ihre auf Holzpfählen stehenden Behausungen errichten. Seinen Aufschwung nimmt dieser strategisch bedeutsame Standort am Auslauf des Bodensees, als die Römer um 100 n. Chr. auf dem späteren Münsterhügel ihre erste Siedlung anlegen. Die eigentliche Stadtgeschichte beginnt um das Jahr 300: Konstanz wird linksrheinische Grenzbefestigung gegen die von Norden eingefallenen germanischen Alemannen.

Reste der alten Stadtmauer beim Schnetztor.

Das Kastell »Constantia« sichert den Rheinübergang zwischen der Konstanzer Bucht im Westen und der sumpfigen Uferlandschaft des Untersees im Osten. In den folgenden 200 Jahren bilden Rhein und See eine kulturelle Grenze zwischen der keltisch-romanischen Mischbevölkerung im Süden und den aus dem Gebiet zwischen mecklenburgischer Boddenküste und Elbe eingewanderten Alemannen auf der Nordseite. Im Schutz dieser Militäranlage erblüht wohl auch die zivile Siedlung, denn die unweit der Festung gelegenen römischen Badeanlagen aus dem 4. Jahrhundert fallen ungewöhnlich groß aus. Ihren Namen erhält die Siedlung entweder vom römischen Kaiser Konstantin I., der um das Jahr 300 Siege über die Alemannen errungen hatte, oder von seinem Enkel Kaiser Konstantin II., der 354/355 am Rhein und in der Provinz Raetia gegen die Alemannen kämpfte.

Um 400 durchbrechen die Alemannen die römischen Befestigungen und dehnen ihren Siedlungsraum auch auf die deutschsprachige Schweiz aus. Die Römer flüchten von den Ufern des als »Lacus Brigantinus« oder auch »Lacus Constantinus« bezeichneten Sees. Während die Siedlung Constantia ihren Namen behält, setzt sich mit den neuen Bewohnern der vermutlich vom alten Ortsnamen Bodman abgeleitete Name »Bodensee« durch. Der Beiname »Schwäbisches Meer« stammt zwar ebenfalls noch indirekt von den Römern. Diese meinten mit »Mare Suebicum« jedoch die Ostsee, der sie den Namen des größten Alemannenstammes, der Sueben, gaben. Nachdem nun die Alemannen bzw. Sueben »umgezogen« waren und der Bodensee

Engelfigur an der Mauritiusrotunde.

im frühen Mittelalter mitten im damaligen Herzogtum Schwaben liegt, überträgt man den Meeresnamen auch auf das Binnengewässer. Auf den alten Römerstraßen, die weiterhin durch Konstanz führen, ziehen nun Scharen von Händlern und Pilgern aus allen Himmelsrichtungen. Sie bringen neben dem notwendigen Kleingeld vielerlei kulturelle Einflüsse mit. Einer der stärksten Impulse für die Entwicklung der Stadt ist zweifellos um 585 die Gründung des Bistums Konstanz.

Die Stadt bleibt bis 1827 Sitz des größten deutschen Bistums, das sich bis zur Reformation auf große Teile des alemannischen Siedlungsgebiets vom Gotthard im Süden bis Marbach am Neckar im Norden erstreckt. Im Osten bildet die Iller und im Westen der Rhein die Grenze. Die übrigen Alemannen werden von den ebenfalls neuen Bistümern Augsburg, Basel und Straßburg betreut. Eine wichtige Rolle für die Konstanzer Stadtentwicklung spielen die drei Bischöfe und Stadtherren Salomon III. (reg. 890–919), Konrad (reg. 934–975) und Gebhard II. (reg. 979–995). Salomon III., ein alemannischer Adeliger, lässt die Krypta des Domes erweitern und dort die Gebeine des heiligen Pelagius aufbahren, was Konstanz zum Ziel zahlreicher Pilger macht.

Neben dem immensen Bedeutungszuwachs für den Dom wird dabei auch der Konstanzer Stadtsäckel gut gefüllt. Der seit 1123 als katholischer Heiliger verehrte Konrad, ein Welfe, versucht nach Aufenthalten im Mittelmeerraum die städtische Topografie von Konstanz an die von Rom anzugleichen und ein zweites Rom (»Roma secunda«) nördlich der Alpen zu erschaffen. So plant er nach seinen Romreisen analog zur Papstbasilika (italienisch »San Paolo fuori le mura«) eine Paulskirche in der heutigen Hussenstraße. Entsprechend der Lateranbasilika San Giovanni in Laterano, der Bischofskirche von Rom, entsteht in der Niederburg die Kirche St. Johann, und nach dem Vorbild von San Lorenzo wird die heute nicht mehr existierende Kirche St. Lorenz am Obermarkt gebaut. Konrad besucht aber nicht nur die Ewige Stadt am Tiber. Er pilgert auch voller Inbrunst nach Jerusalem. Dort wird er von der

Grabeskirche zum Bau der Mauritiusrotunde inspiriert, die bald als wichtiges Konstanzer Pilgerziel dient.

Konrad prägt wie kein anderer das mittelalterliche Stadtbild des kleinen »Constantia« und wird nicht umsonst Patron von Stadt und Bistum. Gebhard II. führt Konrads Politik fort und lässt auf der anderen Rheinseite die dem Papst Gregor geweihte Klosterkirche St. Gregor errichten. Ihre Lage jenseits des Flusses weckt bei der Bevölkerung die Vorstellung vom Petersdom in Rom, der nach Erzählungen von Romreisenden ja ebenfalls auf der stadtabgewandten Seite des Tibers liegt. Die »Constantianer« nennen sie deshalb stolz »Peterskirche« und den neuen Stadtteil Petershausen. Die selbstbewussten Städter scheinen mit all den neuen Kirchenbauten inzwischen ein geradezu römisches Lebensgefühl entwickelt zu haben. Zeitgenössische Dokumente geben Konstanz den Ehrentitel »Felix Mater Constantia«, der an sich nur Rom zustand. Während des Investiturstreits, bei dem sich die geistlichen und weltlichen Mächte um das Recht zur Amtseinsetzung von Geistlichen streiten, geht es auch in Konstanz turbulent zu. Die Bischofskandidaten König Heinrichs IV. finden keine Unterstützung bei der papsttreuen Geistlichkeit, und 1084 setzt sich die antikönigliche Partei mit Gebhard III., einem Sohn des Zähringers Berthold I., durch. Das im Zentrum des neu gegründeten Herzogtums Schwaben

Mittelalterlicher Kaufhauspalast und Konzilgebäude.

gelegene Konstanz wird nun zum wichtigen Treffpunkt für weltliche und geistliche schwäbisch-alemannische Herrscher. Der Bischof und Stadtherr Gebhard III. wird erst abgesetzt und 1105 wieder eingesetzt. Das Ende des Investiturstreits wird mit der Heiligsprechung Konrads 1123 besiegelt und bis heute als Konradifest gefeiert. Die enge Verbindung der Stadt zum schwäbischen Herzogtum intensiviert sich nun vor allem während der Stauferzeit. Die häufige Präsenz von Kaiser Friedrich I. Barbarossa und von Vertretern oberitalienischer Städte wertet die Stadt weiter auf. Herrscher ist aber der Bischof, der seine Stellung durch weitere kaiserliche Privilegien noch ausbaut. In der Folgezeit gewinnt die Bürgerschaft aber mehr und mehr an Einfluss. Im Jahr 1192 garantiert König Heinrich VI. Konstanz die völlige Freiheit von den bischöflichen Steuern. Die Stadt wird in die Reichssteuerliste aufgenommen, und das reichliche Steuergeld fließt nun in den Haushalt des Herrschers. Da der Bischof jedoch weiterhin wichtige Rechte behält, ist Konstanz fortan eine Mischung aus Freier Reichsstadt und Bischofsstadt. Der endgültige Übergang zur Freien Reichsstadt findet erst im 13. Jahrhundert statt, als der Rat der Stadt weitere Rechte erhält. Auf dem Höhepunkt ihrer Macht vollenden die Konstanzer Bürger 1388 direkt am Hafen ihr für die damalige Zeit gigantisches Kaufhaus für den Warenumschlag, das heutige Konzilgebäude.

Es ist, wenn schon kein Weltwunder, so doch ein Bodenseewunder. Wichtigstes Handels- und Exportgut der Stadt ist die rohe, gebleichte Leinwand »tela di Con-

Mittelalterliche Darstellung der Konzilssitzung im Münster.

■ **Hinrichtung des Kirchenreformers Jan Hus.**

stanza«. Während sich die Konstanzer nun in einem immer größer werdenden Wirtschaftsboom wähnen, bahnt sich in den Schweizer Bergen Unheil an. Viele fleißige Alpenbewohner bauen dort an zerklüfteten Felshängen zwischen den Kantonen Uri und Tessin Tag für Tag neue Brücken und Stege. Mit dem Ausbau des Gotthardpasses entscheiden sich mehr und mehr Handelsreisende für diese kürzere Alpenüberquerung, erspart sie doch viel Zeit und Kraft gegenüber den alten Wegen über Chur, zumal sich dabei die umständliche Bootsüberfahrt zwischen Meersburg und Konstanz erübrigt. Dies hat zur Folge, dass sich der Handelsstrom westwärts nach Zürich–Basel–Freiburg verlagert. Der Lebensquell des Konstanzer Wohlstands beginnt langsam, aber stetig zu versiegen. Das damalige Unglück hat aus heutiger Sicht auch einen positiven Effekt, denn nur so bleibt die reiche romanische und gotische Bausubstanz in Konstanz weitgehend erhalten. Beim Konzil von Konstanz, 1414–1418, wird die immer noch sehr mächtige Stadt Schauplatz eines ganz außergewöhnlichen Ereignisses: Einmalig in der Kirchengeschichte findet nördlich der Alpen ein Konzil zur Papstwahl statt. Das Konklave erhält seinen Platz im mächtigen Kaufhausgebäude, dem heutigen Konzilgebäude. Der Bischofsdom, das heutige Münster, wird Sitzungssaal. Als Tagungsort wählt man bewusst Konstanz. Die Bischofsstadt und Freie Reichsstadt gilt damals als groß, reich, zentral in Europa gelegen und von Italien her gut erreichbar. Durch das Konzil kann endlich das Abendländische Schisma von 1378 (die zeitweilige Spaltung innerhalb der

Holzschnitt von Konstanz aus der Schedelschen Weltchronik.

lateinischen Kirche) infolge der Absetzung der Gegenpäpste beigelegt werden. Der Rektor der Prager Universität, Jan Hus, war zuvor vom deutschen König Sigismund unter Zusicherung freien Geleits zum Konzil als Gesprächspartner eingeladen worden. Kaum trifft er in der Stadt ein, wird er verhaftet, eingekerkert und nach seiner Weigerung zu widerrufen 1415 vor der Stadt verbrannt. Die Papstwahl fällt am 11. November 1417 auf Oddo di Colonna, den unehelichen Sohn eines italienischen Kardinals und seiner Mätresse, der anschließend als Papst Martin V. geweiht wird. Mit dieser Entscheidung wird zugleich Rom als Sitz des Papstes bestätigt und für die Zukunft festgeschrieben. Die Wahl Colonnas ist auch insofern beachtenswert, als bisher unehelich Geborene als unwürdig für das Priesteramt angesehen wurden.

HEXENVERFOLGUNGEN UND REFORMATION

Ab der zweiten Hälfte des 15. Jahrhunderts wird ein besonders düsteres Kapitel in der Kirchengeschichte aufgeschlagen. 1478 ernennt der Papst den Dominikanermönch Heinrich Kramer (lat. Henricus Institoris) zum päpstlichen Inquisitor für ganz Oberdeutschland. Dieser Mann ist vom aufkommenden Hexenwahn förmlich besessen. Wenige Jahre später veröffentlicht er sein berühmt-berüchtigtes Werk »Der Hexenhammer« (lat. Malleus maleficarum). Es dient der Legitimation der Hexenverfolgung und liefert detaillierte Beschreibungen der Erkennungsmerkmale von Hexen, von ihren magischen Praktiken und zur Frage, wie man mit ihnen bei den Hexenprozessen umzugehen hat. Durch seine extreme Frauenfeindlichkeit – er bezeichnet Frauen in seinen Schriften als »Feinde der Freundschaft, eine unausweichliche Strafe, ein notwendiges Übel, eine begehrenswerte Katastrophe, eine häusliche Gefahr, einen erfreulichen Schaden, ein Übel der Natur« – trägt er maßgeblich dazu bei, dass hauptsächlich Frauen den Wahnvorstellungen ihrer Verfolger zum Opfer fallen.

In seinem Werk behauptet er sogar, dass das lateinische Wort »femina« (Frau) eine Verquickung aus den Wörtern »fides« (Glauben) und »minus« (weniger) sei, und möchte so beweisen, dass Frauen schwach im Glauben und damit anfällig für teuflische Verführungen sind. Kramer hält sich vermutlich oft in Konstanz auf und treibt dort und im ganzen Bistum sein Unwesen. 1485 prahlt er damit, dass in den letzten fünf Jahren in der Diözese Konstanz 48 »Hexen« verbrannt worden seien. Auch nach Kramers Tod fordert der hysterische Hexenwahn bis ins 17. Jahrhundert hinein viele weitere Opfer und wütet dabei genauso in evangelischen Orten.

Konstanz liebäugelt im 15. Jahrhundert mit dem Beitritt zur Eidgenossenschaft. Dies wissen die ländlichen Gemeinden der Schweiz aber erfolgreich zu verhindern, denn diese befürchten ein politisches Übergewicht der Städte. Als hier nichts zu machen war, schließt sich Konstanz dem Schwäbischen Städtebund an. 1519 bricht eine schwere Pestepidemie in der Stadt aus und verursacht weit mehr als nur den Exodus vieler Bewohner. Fast der gesamte Klerus einschließlich des Domkapitels und des Bischofs flüchtet aus dem verpesteten Häuserlabyrinth.

Terror im Namen der Religion: Hexenverbrennungen.

Sie überlassen dabei die verängstigte Bevölkerung ihrem Schicksal. Bei den Bewohnern wächst die Wut auf die »Pfaffen« und damit verbunden die Sehnsucht nach einer anderen Kirche. Im nun folgenden Umbruch spielt namentlich der Konstanzer Magister Jakob Windner eine wichtige Rolle. Er hilft als Vertreter der geflohenen Pfarrer in vielen Konstanzer Kirchen aus und ist der Erste, der ab 1520 mit großem Zulauf die Lehre Martin Luthers zu predigen beginnt. Reformatorisches Gedankengut verbreitet sich auch durch die aufwühlenden Predigten des ehemaligen Alpirsbacher Benediktinermönches Ambrosius Blarer. Der gebürtige Konstanzer wird 1525 als reformatorischer Prediger in seine Heimatstadt gerufen. Die neue Lehre fällt in Konstanz auf fruchtbaren Boden: Ihre rasche Ausbreitung vertreibt 1526/27 den Bischof und das Domkapitel nach Meersburg. 1527 wird die Reformation eingeführt, und zwei Jahre später gehört die Stadt zu den Vertretern der protestantischen Minderheit im Reichstag zu Speyer und tritt in der Folgezeit dem Schmalkaldischen Bund bei, dem Verteidigungsbündnis protestantischer Städte und Fürstentümer.

KONSTANZ UNTER DEN HABSBURGERN

1548 verhängt Kaiser Karl V. die Reichsacht über das »ketzerische« Konstanz und lässt spanische Truppen einmarschieren. Die Konstanzer verhindern jedoch unter hohen Verlusten die Eroberung der Altstadt. Dafür toben sich die Spanier in Petershausen aus und brandschatzen diesen Stadtteil. Die Lage wird für Konstanz und seine protestantischen Bewohner immer kritischer. Am 13. September 1548 beschließt der Rat die Kapitulation. Nach der Niederlage verliert Konstanz den Status der Freien Stadt und wird Teil des habsburgischen Vorderösterreich. Der Anschluss

Stadtansicht von 1602.

Heiligenaltäre im Münster.

an Habsburg bringt eine Rekatholisierung mit sich: Der Besuch der katholischen Messe und der Beichte ist nun bindend, und wer evangelische Gottesdienste bei den benachbarten Eidgenossen besucht, wandert ins Gefängnis. Anhand von Beichtzetteln, die man bei der Kommunion abgeben muss, wird das Beichtverhalten genau kontrolliert. Außerdem wird der Zuzug von Protestanten verboten, wodurch ihre Zahl immer weiter abnimmt.

Da diese Maßnahmen nur zögerlich fruchten, wird 1604 mit einer päpstlichen Bulle gegen alle Widerstände in der Stadt ein Jesuitenkolleg mit Gymnasium gegründet, das bis heute als humanistisches Heinrich-Suso-Gymnasium existiert. Im Dreißigjährigen Krieg wird Konstanz von den Schweden belagert, die aber die Altstadt glücklicherweise nicht einnehmen können, denn das hätte damals deren sichere Zerstörung bedeutet. In der Folgezeit sinkt die Bedeutung der Stadt immer mehr, sieht man einmal von dem vorübergehenden Einzug der Freiburger Professoren und Studenten in der Bodenseestadt ab. Dieses temporäre universitäre Gastgeschenk verdankt Konstanz den Franzosen, welche die Breisgau-Stadt im 17. Jahrhundert besetzt hatten. Der Verlust an wirtschaftlicher und politischer Bedeutung geht mit einem starken Bevölkerungsschwund einher. Ab 1773 verlassen weitere Institutionen die Stadt. So wird auf Anordnung von

Papst Clemens XIV. der wenig beliebte Jesuitenorden aufgelöst. Bald darauf lässt der österreichische Kaiser Joseph II. fast alle Klöster in Vorderösterreich und damit auch in Konstanz schließen.

BADISCHE ZEIT UND AUFLÖSUNG DES BISTUMS

Nach dem Sieg Napoleons wird Konstanz 1806 dem neu gegründeten Großherzogtum Baden zugeschlagen und Hauptstadt des Seekreises. Damals leben kaum mehr als 4500 Menschen in der Stadt, die sich jetzt in einer Art Dornröschenschlaf befindet. Von der früheren Herrlichkeit ist außer dem alten Gemäuer nicht viel übrig geblieben. Zahlreiche überkommene Vorschriften blockieren die wirtschaftliche und gesellschaftliche Entwicklung. Im Österreichisch-Französischen Krieg wird Konstanz im Mai 1809 von Vorarlberger Truppen belagert. Diese Belagerung bricht aber bereits im Juli zusammen. Wieder einmal ist der Kelch der Zerstörung nur knapp an Konstanz vorübergegangen. Die schwerwiegendste Veränderung für die Konstanzer in dieser Zeit ist sicherlich die Auflösung des Bistums 1827 zugunsten der neuen Diözesen Freiburg und Rottenburg. Dies hat auch im Stadtbild einschneidende Folgen: Die prächtige Kirche St. Peter reißt man ab, St. Johann, St. Paul und St. Jodok werden kurzerhand zweckentfremdet, und kirchliche Gebäude wie die Bischofspfalz im südlichen Münsterhof werden zugunsten von Neubauten dem Erdboden gleichgemacht.

Blick auf den ehemaligen Chor von St. Jodok.

VON DER REVOLUTION 1848 BIS ZUM ENDE DES ERSTEN WELTKRIEGS

Die badische Märzrevolution findet in Konstanz starken Widerhall. Dabei soll am 12. April 1848 von Friedrich Hecker, einem der führenden Köpfe der sogenannten Märzrevolution, hier sogar die deutsche Republik ausgerufen worden sein, was damals allerdings von keiner der drei Konstanzer Zeitungen erwähnt wird. 1862 führt Baden die Gewerbefreiheit ein, und 1863 wird Konstanz an die Bahnstrecke Mannheim–Basel–Konstanz angebunden. Um einen Bahnhof in der Altstadt sowie eine Bahnverbindung in die Schweiz zu ermöglichen, werden die mittelalterlichen Stadtbefestigungen weitgehend abgerissen und mit dem Trümmerschutt der Bahndamm und der Stadtpark zum See hin aufgefüllt. Konstanz entwickelt sich zu einem immer beliebteren Reiseziel, und dank des Bahnanschlusses können die Urlauber nun in großer Zahl direkt in die Stadt gelangen. All diese Entwicklungen lösen in Konstanz eine wirtschaftliche Hochkonjunktur aus, was nach langer Zeit der Abwanderung endlich wieder zu einem kräftigen Bevölkerungszuwachs führt. Mit der Gründung des Deutschen Reiches im Jahr 1871 wird dieser positive Effekt noch um ein Vielfaches verstärkt.

In Seenähe entstehen prachtvolle Hotelbauten, während am Stadtrand neue Wohn- und Industriequartiere gebaut werden. Ein abruptes Ende dieses wirtschaftlichen Aufschwungs für Konstanz bringt der Erste Weltkrieg mit sich. Die Grenze zwischen der Schweiz und dem Deutschen Reich wird geschlossen, sodass die bisher engen Beziehungen zu Kreuzlingen und dem Thurgauer Umland abreißen.

Fensterbögen der früheren Paulskirche.

WEIMARER REPUBLIK, NATIONALSOZIALISMUS UND ZWEITER WELTKRIEG

1928 wird der Fährbetrieb Konstanz–Meersburg eröffnet, um die ungünstige Randlage im Reich abzumildern. Bei den letzten einigermaßen freien Wahlen am 5. März 1933 erreicht die NSDAP in Konstanz 34 % der Stimmen. Obwohl sie weniger Stimmen erhalten hatten als erhofft, fühlen sich die Nationalsozialisten aufgrund der Gesamtstimmung im Deutschen Reich zur Machtübernahme autorisiert. Sie ersetzen den Oberbürgermeister Otto Moericke durch ein NSDAP-Mitglied und gehen auf allen Ebenen aggressiv gegen Andersdenkende vor. Bis 1938 existieren noch über 70 jüdische Geschäfte in Konstanz, aber immer mehr jüdische Bürger und politisch Verfolgte aus dem ganzen Reich fliehen beim Döbele und der Schwedenschanze in die nahe Schweiz. Anfangs wird diese Flucht von Konstanzer Seite geduldet, ja diese Art der »Ausschaffung« der Juden aus dem Reichsgebiet sogar gewünscht; es sind eher die Schweizer Behörden, die eine sich anbahnende Masseneinwanderung verhindern wollen. Nachdem ein Brandanschlag auf die Synagoge 1936 noch durch die Feuerwehr gelöscht wurde, wird das Gotteshaus in der Pogromnacht vom 9. November 1938 in Schutt und Asche gelegt, wobei auch viele jüdische Geschäfte verwüstet werden. 1939 wird zwischen Kreuzlingen und Konstanz ein Grenzzaun gezogen und damit der Fluchtweg verschlossen.

1940 werden alle noch in der Stadt verbliebenen jüdischen Bürger zuerst nach Gurs in Südfrankreich verschleppt und anschließend in verschiedene Vernichtungslager deportiert und ermordet.

Im Zweiten Weltkrieg bleibt Konstanz von den alliierten Bomberangriffen verschont. Der Konstanzer Bürgermeister geht dabei äußerst trickreich vor. Er umgeht das verordnete Verdunklungsgebot und lässt nachts die Lichter des linksrheinischen Teils der Stadt brennen. Ein Wagnis, das glückt. Für die Bomberpiloten ist so bei Nacht der genaue Grenzverlauf zwischen Konstanz und Kreuzlingen nicht erkennbar. Auf Druck der Schweizer Regierung und aus Furcht der Alliierten vor diplomatischen Verwicklungen mit den Eidgenossen wird nun von einer Bombardierung der Grenzstadt ganz abgesehen.

NACH DEM ZWEITEN WELTKRIEG

Konstanz wird am 26. April 1945 von der 1. Französischen Armee praktisch kampflos und ohne irgendwelche Beschädigungen eingenommen. In der Nachkriegszeit gehört Konstanz innerhalb der französischen Besatzungszone zunächst zu Südbaden. Bei der 1951 durchgeführten Volksabstimmung in den drei Ländern »(Nord-)Württemberg-Baden«, »Württemberg-Hohenzollern« und »(Süd-)Baden« votieren zwei Drittel der Konstanzer für den neuen Südweststaat. 1952 wird Konstanz Teil des neu gebildeten Bundeslandes Baden-Württemberg. Infolge der zunehmenden Mobilität durch Motorräder und Autos setzt in Deutschland gleichzeitig eine große Reisewelle ein, die Konstanz einen finanziellen Aufschwung bringt. Während anfangs der Campingurlaub dominiert, stehen ab 1951 fast alle ursprünglich beschlagnahmten Hotels wieder zur Verfügung, die mit

Mondän: ehemaliges Grand-Hotel in der Seestraße.

zunehmendem Wohlstand durch das einsetzende »Wirtschaftswunder« bald ausgebucht sind. Allerdings bringt der Aufschwung die Deutschen immer mehr in Fahrt, sodass sie mit ihren neuen Autos bald an Konstanz vorbei zu neuen Zielen jenseits der Alpen flitzen. Die Konstanzer Gastronomen und Hoteliers sehen die Entwicklung mit Bestürzung und müssen sich mehr und mehr auf Kurzurlauber und Tagestouristen einstellen. Um das inzwischen stark verschmutzte Bodenseewasser weiterhin als Trinkwasser nutzen zu können, wird 1963 endlich der Bau einer Kläranlage in Angriff genommen. Die wichtigste Neuerung der gesamten Nachkriegszeit ist 1966 die Gründung der Konstanzer Universität. Der Universitätscampus für ungefähr 10 000 Studierende entsteht nach Übergangslösungen in den 1970er-Jahren »auf der grünen Wiese« im Stadtteil Egg.

Konstanz wird nun die südlichste Universitätsstadt Deutschlands. Zusätzlich wird das 1906 gegründete »Technikum Konstanz« ab 1970 zur Hochschule Konstanz für Technik, Wirtschaft und Gestaltung (HTWG) weiterentwickelt und erhält einen Campus am Seerhein. Die Anwesenheit zahlreicher Studierender und Wissenschaftler hat die Stadt seither spürbar verändert.

1996 wird mit Horst Frank erstmals in Deutschland ein Grüner

■ **»HTWG-Figuren« des Rotterdamer Künstlers Joep van Lieshout mit den verschiedenen Aspekten des akademischen Lebens.**

zum Oberbürgermeister gewählt. 2005 wird trotz heftiger Einwände von Fischern, Seglern und Umweltschützern die Katamaran-Linie eröffnet, die Konstanz direkt mit dem Industriezentrum Friedrichshafen und dem oberschwäbischen Hinterland verbindet. 2007 qualifiziert sich die national und international einen hervorragenden Ruf genießende Universität Konstanz im Rahmen der Exzellenzinitiative zur kleinsten und jüngsten Exzellenzuniversität. Im gleichen Jahr wird die Bodensee-Therme beim Strandbad Horn eröffnet und die Kunstgrenze eingeweiht, nachdem nach vielen Jahrzehnten der Grenzzaun zwischen Konstanz und Kreuzlingen gefallen ist. 2010 verhindert eine Volksabstimmung den geplanten Bau eines Konzert- und Kongresshauses auf dem Gelände von »Klein-Venedig«. 2013 wird die Fortführung der Seerheinpromenade und damit eines durchgehenden Uferweges und die Weiterentwicklung des Gewerbe- und Wohnquartiers Rheingarten von Great Lakes bis nach Stromeyersdorf beschlossen. Hierfür wird im Uferbereich eine maritime »Werft-Loft-Schiff-Steg-Architektur« anvisiert. Am 21. Oktober 2016 wird dort das Bodenseeforum als neues Kongress- und Tagungszentrum eröffnet. Am 9. November 2016 erfolgt der Spatenstich zum Bau einer neuen Synagoge in der Sigismundstraße.

TOUR 1 KLÖSTER, GASSEN, STEINPALÄSTE

Am Hafen und im Gassenlabyrinth der Niederburg

Tourbeginn und -ende: *Konzilgebäude*

Bushaltestelle: *Marktstätte, Konstanz Bahnhof, fast alle Linien*

Tourenlänge: *2,2 km*

Höhenunterschiede: *8 m*

Einkehrmöglichkeiten: *Gastronomie am Hafen und in der Niederburg*

Wir beginnen diese sehr interessante Tour an einem der bedeutendsten historischen Bauwerke von Konstanz, dem Konzilgebäude. Der gewaltige Bau zwischen Bahngleisen und Gondelhafen wurde

Blick über den Gondelhafen zum Konzilgebäude und St. Stephan.

■ **Erst Schandfleck, heute Wahrzeichen: die Imperia.**

bereits 1388 direkt am Seeufer als Korn- und Warenhaus für den Handel, vor allem mit Mailand, errichtet. Während des Konstanzer Konzils nutzte der Klerus 1417 die Räume als Konklave, das heißt, hier wurden alle 53 Kardinäle und Gesandte in den dafür zuvor eingebauten kleinen Zellen eingeschlossen, bis sie nach drei Tagen den neuen Papst, Martin V., gewählt hatten.

An der Hafenmole zwischen Gondel- und Bundesbahnhafen dreht sich seit 1993 eine in Beton gegossene, neun Meter hohe und 18 Tonnen schwere Frauengestalt, die in der einen Hand einen kleinen König, in der anderen einen gnomenhaften Papst hält – die Imperia. Während die knapp und aufreizend bekleidete Dame in Größe und Ausstrahlung eindeutig dominiert, geben Kaiser Sigismund und Papst Martin V. kümmerliche Figuren ab. Die Imperia des Bodenseekünstlers Peter Lenk versetzte bei ihrer Enthüllung Teile der Stadtbevölkerung in einen Schockzustand. Die empörten Rufe nach der unverzüglichen Beseitigung dieses »Schandflecks« verstummten erst nach Jahren. Was war geschehen? Peter Lenk hatte für sein provozierendes Kunstwerk, das er selbst das »Denkmal der Käuflichkeit« nennt, eine Geschichte aufgegriffen, die schon fast 600 Jahre zurückliegt. Während des Konzils Anfang des 15. Jahrhunderts reisten mit den geistlichen und weltlichen Würdenträgern auch viele Vertreterinnen des »ältesten Gewerbes« nach Konstanz. Für sein Kunstwerk ließ sich Lenk von Honoré de Balzacs Erzählung »La belle Impéria« inspirieren, wonach sich die Kurtisane Imperia neben ihren Liebesdiensten auch als politische Beraterin hervorgetan haben soll. Der Künstler selbst sieht Papst und König als Gaukler, die sich die Insignien der Macht widerrechtlich angeeignet haben.

In Konstanz beruhigten sich die Gemüter bald wieder, weil einst wohl auch Raffael die hochgebildete Imperia als Dichterin Sappho für den Vatikan gemalt hatte und weil sich in Konstanz Lenks Kunstwerk inzwischen zu einem neuen Wahrzeichen und wichtigen Touristenmagneten entwickelt hatte. In unmittelbarer Nähe steht das in den 1920er-Jahren errichtete Denkmal für den berühmten Sohn der Stadt, Ferdinand Graf von Zeppelin, dessen Darstellung als deutsche Sagengestalt, als nackter Wieland der Schmied, damals eine ähnliche Entrüstung verursacht haben soll. Die Skulptur wurde vom Bildhauer Karl Albiker, einem Schüler Rodins, gefertigt.

Wir gehen nun durch den Stadtgarten in nördlicher Richtung weiter und kommen in den **Susosteig**. Der Weg führt den Stadtgraben entlang, durch den das Seewasser zum Seerhein hin abwärtsströmt. Auf der anderen Seite des glasklaren Wassergrabens liegt das ehemalige Dominikanerkloster und heutige Inselhotel.

Perle des Mittelalters: Kreuzgang im Inselhotel.

Die Dominikanerinsel, der kleine Athos von Konstanz

Die durch den Stadtgraben vom »Festland« abgetrennte, 1,8 Hektar große Insel wurde bereits um das Jahr 1200 den Dominikanern übergeben. Etwa 1236 entstand darauf das erste Dominikanerkloster, das nur über ein Stadttor oder per Boot erreichbar war. Bald wurde es Wohn- und Lebensort von Heinrich Seuse (latinisiert: Suso), einem der bekanntesten und von der katholischen Kirche als Seligen verehrten, deutschsprachigen Mystiker. 1295 in Konstanz geboren, wurde er hier auch wegen seines extrem asketischen Lebenswandels mit harten Selbstkasteiungsmethoden berühmt. In seiner in der dritten Person verfassten »Vita« schreibt er über sich und die Askese der Kasteiung: »Eine Zeit lang trug er ein Hemd aus Haaren und eine eiserne Kette, bis das Blut von ihm niederrann, so dass er gezwungen war, sie abzulegen. Er sorgte heimlich dafür, dass ein Untergewand für ihn gemacht wurde, und an dem Untergewand hatte er Lederstreifen befestigt, in die etwa 150 eherne Nägel, scharf zugespitzt und gefeilt, getrieben waren, und die Spitzen der Nägel waren stets auf das Fleisch gerichtet. […] Darin pflegte er in der Nacht zu schlafen.« Später befürwortete Seuse allerdings die unblutige Askese der Gelassenheit. Das Kloster auf der Insel wurde 1785 wie so viele andere Klöster in und um Konstanz durch den österreichischen Kaiser Joseph II. aufgelöst und die Mönche von der Insel vertrieben.

In den nächsten Jahrzehnten fand in den historischen Mauern die Genfer Industriellenfamilie Macaire ihre neue Heimat. Sie verwandelte den Konvent in eine Indienne-Textilfabrik zum Bedrucken von Kattunstoffen. 1838 erblickte in dem Kloster, auf dem nun »Genfer Insel« genannten Eiland, Graf Ferdinand von Zeppelin das Licht der Welt. Sein Bruder Eberhard ließ 30 Jahre später das Kloster zum Ho-

Wandbrunnen am Botzheim'schen Domherrenhof.

Zeichen für eine neue Zeit: Relief am Stadttheater von Franz X. Herrmann.

tel umbauen. Das Kirchenschiff mit reichhaltigen früh- und hochgotischen Fresken wurde zum Festsaal, und die Mönchszellen verwandelten die Handwerker in Hotelzimmer. Besonders sehenswert ist der mittelalterliche Kreuzgang mit Wandbildern des späten 19. Jahrhunderts, auf denen die Klostergeschichte dargestellt wird. Er kann nach Voranmeldung oder im Rahmen von Führungen besichtigt werden – oder man wird Hotelgast.

Am Bahnübergang bei der Hotelausfahrt queren wir die Bahngleise und die **Konzilstraße** und erreichen auf der anderen Seite den Botzheim'schen Domherrenhof mit einem alten Wandbrunnen und einem schmucken Renaissance-Erker von 1626. Im Jahr 1522 beherbergte hier der Domherr Johann Botzheim den bekannten Humanisten Erasmus von Rotterdam.

Wir spazieren nun auf der Konzilstraße kurz nach links und erreichen nach wenigen Schritten das Stadttheater, das in dem 1610 erbauten ehemaligen Schulgebäude der Jesuiten untergebracht ist. Die traditionsreiche Bühne zählt zu den ältesten bespielten Theatern des deutschen Sprachraumes. An der Fassade ist ein außergewöhnliches Relief aus der Zeit um 1800 erhalten. Symbolhaft werden die mittelalterlichen Schauspieler mit ihren derben Stücken von der Theaterbühne gefegt, um Platz für die anmutigen Theatermusen im Hintergrund zu schaffen.

■ **Gemütliches Pflaster: Niederburg.**

Wir biegen nach rechts in die **Gymnasiumsgasse** und folgen ihr in die Altstadt bis zum östlichen Rand des Münsterplatzes, von wo man das beeindruckende Langhaus des Münsters sieht. Auf der linken Seite befindet sich der Eingang zur barocken alt-katholischen Christuskirche. Dieses zu Beginn des 17. Jahrhunderts als Jesuitenkirche St. Konrad neben dem dazugehörigen Konvent erbaute Gotteshaus besticht durch seine herrliche Innenausstattung in den Stilen der Spätrenaissance, des Barocks und des Rokokos. Anschließend gehen wir am Beginn des Münsterplatzes durch eine kurze Gasse nach rechts und gelangen so in die **Theatergasse**, in die wir nach links einbiegen. Kurz vor der Kreuzung mit der Brückengasse sehen wir auf der linken Seite St. Josef, den früheren Wohnsitz des Bischofs. Der ehemalige Domherrenhof des geistlichen Gründers »von Roll« stammt ursprünglich aus dem 13. Jahrhundert und wurde im 18. Jahrhundert durch den heutigen dreiflügeligen Bau ersetzt. Auf der rechten Seite steht das 1240 gebaute Pfründhaus von St. Margarethen. Pfründhäuser gingen aus den Armenhospizen der Klöster hervor und boten im Mittelalter Wohnraum und Schutz für bedürftige und alte Menschen. Wir gehen die Brückengasse nach rechts, halten uns in der Inselgasse links und gelangen so in das älteste Konstanzer Stadtviertel, die Niederburg.

Zwischen Rhein, Münsterplatz und Unterer Laube hat sich ein

beschauliches Quartier mit engen Gassen, lauschigen Plätzen und Innenhöfen erhalten, dessen Häuser im Kern vielfach noch aus dem 13. Jahrhundert stammen. Überall trifft man auf gemütliche Kneipen, Weinlokale und Restaurants. Hinter den Fassaden durchzieht ein ganzes Labyrinth aus Feuergassen, Hinterhöfen und Abwassergräben, den sogenannten Wuost- oder Ehgräben, die Häuserfluchten. Dieser Bereich ist heute wie damals in privatem Besitz und meist nicht zugänglich. Wir schlendern durch die Inselgasse bis zur Kreuzung mit der Konradigasse. Alte Steinhäuser wie das Haus »Zum Blaufuß« von 1351 oder der »Tettikofer Hof« von 1418 säumen das uralte Stadtsträßchen. Besonders beschaulich ist die kleine Tulengasse auf der rechten Seite mit teilweise eingewachsenen Häuschen und Mauern. Am Ende der Inselgasse, etwas außerhalb der Altstadt, sehen wir schräg links die dreiflügelige Anlage des 1267 erstmals erwähnten und 1612 bis 1620 neu gebauten Blarer'schen Domherrenhofes mit schönem Renaissanceportal.

Wir biegen nun nach rechts in die **Konradigasse** ein. Die beiderseits dicht an dicht gebauten Häuser aus den unterschiedlichsten Epochen sind für kunsthistorisch In-

■ **Heimeliger Winkel in der Inselgasse.**

teressierte eine wahre Augenweide. Nicht wenige Häuser, beispielsweise die ehemalige Domschule (Haus Nr. 7), stammen noch aus dem 13. Jahrhundert, und überall zieren alte Hausnamen wie »Hus zem Phasant« oder »Zum Federwisch« die schmucken Fassaden.

Am Ende der Straße, auf der gegenüberliegenden Seite der Klostergasse, stand früher das ehemalige Dominikanerinnenkloster St. Peter an der Fahr. Das Frauenkloster an einer alten Fährverbindung über den Rhein musste sich 1785 gegen den Willen der Nonnen mit dem benachbarten Dominikanerinnenkloster Zoffingen vereinigen. Die Klausurgebäude wurden später für den Bau der Klosterschule, der heutigen »Mädchenschule Zoffingen«, abgebrochen. Die ehemalige Klosterkirche (Klostergasse 4) ließ man stehen. Sie wurde zum Wohn- und Schulhaus umgebaut. Wir gehen durch die Klostergasse. An der nächsten Biegung geht es kurz nach rechts, dann folgen wir der Niederburggasse nach links durch die faszinierende Welt mittelalterlicher Häuser wie der »Hinteren« und »Vorderen Reusche«. Mal sind sie ganz aus Stein gebaut, mal zieren Fachwerkfassaden die alten Behausungen. Die Vergangenheit spürt man auf Schritt und Tritt. Wir kommen zur **Rheingasse**, hier halten wir uns links und spazieren dann nach rechts in Richtung Rheintorturm.

■ **In der Konradigasse.**

Die Konstanzer errichteten diesen Torturm im 13.–15. Jahrhundert zum Schutz ihres einzigen nördlichen Rheinübergangs über die große hölzerne Brücke. Auf der rechten Seite erhebt sich die imposante Dompropstei. In diesem roten Bauwerk aus der Spätrenaissance und dem Barock residierten die Domherren von Hohenems ab dem frühen 17. Jahrhundert. Auch

Zeugen stolzer Vergangenheit: Rheintorturm und Dompropstei.

das Innere mit dem »Weißen Saal« oder der Maria-Magdalena-Kapelle geizt nicht mit barocker Pracht. Es kann leider nur im Rahmen von besonderen Führungen besichtigt werden. Nun geht es nach der Propstei rechts ab in Richtung Konzilstraße. Wir kommen kurz in den Bereich außerhalb der Stadtmauer, gelangen aber über die **Brückengasse** gleich wieder in die Altstadt, wo wir der wuchtigen mittelalterlichen Steinmauer mit zugemauerten frühgotischen Fenstern folgen. Sie gehört zum Dominikanerinnenkloster Zoffingen, das als einziges Konstanzer Kloster wegen seiner bereits 1775 gegründeten Klosterschule die Josephinische Säkularisation überstanden hat. Der Name geht auf den Domherrn Burkhard von Zofingen zurück, der einer bereits bestehenden Nonnengemeinschaft in der Mitte des 13. Jahrhunderts Haus und Gelände schenkte und damit den Grundstein für den Bau des 1257 gegründeten Klosters legte. Die hübsche, im Kern noch aus dem 13. Jahrhundert stammende Klosterkirche St. Katharina wurde um 1665 barock umgestaltet und steht Besuchern offen. Gegenüber sehen wir das spätmittelalterliche »Haus zur Inful«, in dem sich heute die Spitalkellerei befindet. Die Brückengasse laufen wir bis zur Kreuzung Inselgasse. In der **Inselgasse** halten wir uns links und gelangen so zurück zur **Konzilstraße**, über die wir wieder den **Susosteig** und somit auch den Ausgangspunkt erreichen.

TOUR 2 LAUBENHÄUSER, KURBAD, RÖMERSTEINE

Rundgang durch die Schatzkammer mittlere Altstadt

Tourbeginn und -ende: *Fischmarkt*

Bushaltestellen: *Konzilstraße/Theater, Konzilstraße, fast alle Linien*

Tourenlänge: *1,2 km*

Höhenunterschiede: *5 m*

Einkehrmöglichkeiten: *Gastronomie in der Altstadt*

Wir beginnen diese hochinteressante Tour am **Fischmarkt**, auf dem früher die Bodenseefischer ihren Fang den Bürgern und Händlern feilboten. Heute wird der Platz durch den starken Verkehr auf

Trichterbrunnen am Fischmarkt.

■ **Steinrelief am Haus zum guten Hirten.**

der Konzilstraße empfindlich gestört und, auch durch den Bahndamm, vom See abgeschnitten. An der Nordostecke des Platzes sehen wir jenseits der Konzilstraße das Alte Konstanzer Rathaus. Es stammt zwar aus dem 15. Jahrhundert, wurde aber später mehrfach umgebaut. Heute erinnert außer dem spätgotischen Portal mit dem Reichswappen, das von den Stadtheiligen Konrad und Pelagius flankiert wird, nichts mehr an die alte Pracht. Gegenüber, auf der westlichen Straßenseite, steht das ehemalige Hotel Hecht. Seit dem 15. Jahrhundert als Herberge registriert, zählt es zu den ältesten Konstanzer Gasthäusern, in dem unter anderem 1580 der Philosoph, Schriftsteller und Politiker Michel de Montaigne zu Gast war. Dem im Kern noch historischen Gebäude verpassten Maurer und Stuckateure Anfang des 20. Jahrhunderts ein neues Gewand, wodurch man auch hier keinen mittelalterlichen Bau vermuten würde.

Wir gehen nun links am »Hecht« vorbei und spazieren über den Fischmarkt stadteinwärts. Das Plätschern des Trichterbrunnens der Konstanzer Künstler Ulli Blomeier-Zillich und Christoph Zillich erfüllt den im Sommer belebten Platz. Das Brunnen-Kunstwerk spielt auf die geografische Lage von Konstanz am Abfluss des Obersees in den Seerhein an.

Wir kommen nun nach rechts in die **Zollernstraße** und spazieren Richtung Innenstadt weiter. Anfang des 19. Jahrhunderts hatte sich die berühmte badische Hofmalerin Marie Ellenrieder (1791–1863) das Gebäude Zollernstraße 2 als Wohnhaus mit Atelier auserkoren. Hochbegabt und selbstbewusst erlangte sie als erste Frau die Zulassung zum Studium an der Münchner Kunstakademie und wurde bald durch ihre hervorragenden Porträtmalereien der badischen und fürstenbergischen Herrscherfamilien berühmt. Zwei Häuser weiter, im Haus »Zum guten Hirten« (Nr. 6) mit einem aus der Zeit um 1608 stammenden Steinrelief gleichen Namens, lebte und arbeitete der niederländische Bildhauer Hans Morinck (1555–1616).

Durch die Nähe zum Hafen konnte Morinck seine schweren sakralen Skulpturen und Steinreliefs auf Lastkähne verfrachten, um sie zu den Klöstern und Kirchen auf den anderen Seeseiten zu transportieren. Mittlerweile befindet sich in seiner Werkstatt eine Weinstube, und in den Wohnstuben stehen Hotelbetten. Aufgrund der vielen Marktstände wurde die Zollernstraße lange Zeit auch als »Oberer Fischmarkt« genutzt. An den mittelalterlichen Häusern auf der Südseite sind heute noch die Reste der stolzen Laubengänge zu sehen, unter denen Kunden und Händler

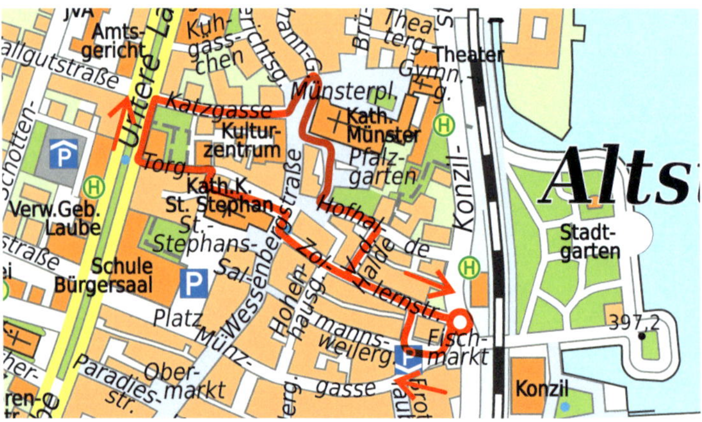

Oben: Blick durch die Wessenbergstraße Richtung Münster. Unten: Alte Laubenbögen in der Zollernstraße.

ihre Geschäfte in trockene Tücher bringen konnten.

Besonders imponierend sind die eingewölbten Laubenbögen am Haus »Heidenkopf« von 1557 und dem fast archaisch erscheinenden Haus »Zum Hohen Gewölbe« von 1377. Die gegenüberliegende Straßenseite wird fast ganz von der üppig dekorierten Fassade des ehemaligen Verlagshauses »Friedrich Stadler« (Nr. 10) eingenommen. Ganz dem Zeitgeschmack des Historismus am Ende des 19. Jahrhunderts entsprechend wurde hier nicht mit Stil-Elementen aus Gotik und Renaissance gegeizt. Der Höhepunkt der Straße ist, nomen est omen, das eindrucksvolle »Hohe Haus« von 1294. Die 1935 angebrachten Darstellungen, beispielsweise die Fischmarktszene auf der Ostseite, sind Kopien eines mittelalterlichen Bilderzyklus des Konstanzer Konzils.

Wir gehen auf der Zollernstraße weiter und erreichen gegenüber der seit 1567 bestehenden Tiergarten-Apotheke die Kirche **St. Stephan** am gleichnamigen Platz.

St. Stephan: stolze Bürgerkirche mit wechselvoller Geschichte

Bei diesem imposanten Gotteshaus vermuten Historiker, aufgrund der Lage außerhalb der Kastellmauern und des schon zu Römerzeiten populären Märtyrers Stefan sowie zahlreicher römischer Gräberfunde, dass es auf einen römischen Sakralbau aus dem 3. Jahrhundert zurückgeht. Die im Jahr 615 erstmals urkundlich erwähnte Kirche wurde im Laufe ihrer Geschichte immer wieder zerstört und neu aufgebaut. Während des Konstanzer Konzils war St. Stephan Tagungsort der »Rota Romana«, des päpstlichen Gerichts. Im 15. Jahrhundert entwickelte sie sich zur Hauptkirche der Konstanzer Bürgerschaft und

■ **Wohnturm »Zur vorderen Katz«.**

Sonderbare Figuren am Konstanzer Triumphbogen.

wurde im Stil der späten Gotik völlig umgebaut. Während der Reformation war die »Leutkirche« Zielscheibe von Bilderstürmern und verlor dadurch einen Großteil ihrer Kunstwerke. Um 1770 wurde sie barockisiert. Aus dieser Zeit stammen noch die Deckengemälde und die Orgel. 1785 wurde der Friedhof auf dem heutigen Sankt-Stephans-Platz aufgegeben. Hier waren die letzten Ruhestätten des Bildhauers Hans Morinck und des Vorarlberger Barockbaumeisters Peter Thumb. Im 19. Jahrhundert erinnerte man sich wieder an die gute alte Gotik und versah das Gotteshaus mit neogotischen Altären und Glasfenstern. Einige wertvolle Teile aus früherer Zeit wie das 1594 von Morinck geschaffene Sakramentshäuschen und das Chorgestühl mit fantasievoll geschnitzten Fabelwesen aus der Zeit um 1300 blieben erhalten.

Wir spazieren rechts an der Kirche vorbei und erreichen den mittelalterlichen Wohnturm »Zur vorderen Katz«. Er entstand im Jahr 1000 als Wehrturm an der Stadtmauer und wurde später zum ersten Haus der Patrizierzunft »Zur Katz« umgebaut. Dem zweiten Haus werden wir später noch begegnen. Wer hier ein Café mit lauschigem Gartenbereich inmitten der Altstadt sucht, dem sei das »Café Zeitlos« rechts hinter dem Haupteingang der Kirche empfohlen.

Wir gelangen in die **Torgasse**, die nach einigen Schritten in einem Torbogen vor der Einmündung in die Laube endet. Vor dem Torbogen ragen riesige Finger einer Schwurhand aus dem Untergrund. Sie erinnern an die vielen Gerichtsverhandlungen in diesem Teil von Konstanz. Der Torbogen selbst ist Teil des aus dem 14. Jahrhundert

Cooler Hingucker: Autofahrer als Wasserspeier.

stammenden Lanzenhofs, der nach den früheren Eigentümern, der Patrizierfamilie Lanz, benannt ist. Der prächtige Hof mit schönen Staffelgiebeln und zahlreichen gotischen Wandmalereien im Inneren beherbergte während des Konzils die Gattin von König Sigismund und war 1686 und 1698 sowie 1713 bis 1715 Sitz der wegen der französischen Besetzung teilweise ausgelagerten Freiburger Universität. Das heute durch die Staatsanwaltschaft genutzte Bauwerk kann nur nach Voranmeldung besichtigt werden. In der verkehrsreichen **Unteren Laube** angekommen, fällt der Blick sofort auf die schrullig-exzentrischen Figuren des »Triumphbogens«, der auch als »Laube- oder Lenkbrunnen« bekannt ist. Für dieses außergewöhnliche Kunstwerk des Konstanzer Künstlers Peter Lenk (siehe auch Tour 1) sollte man sich etwas Zeit zum Betrachten gönnen.

Das 1991 entstandene Werk ist voller satirischer Anspielungen auf geschichtliche und aktuelle Themen. Eigentlich sind es vier Brunnenbecken, die durch den antikisierenden Triumphbogen zu einem Ganzen zusammengefügt werden. Der Brunnen als »locus amoenus«, die Laube – eine der meistbefahrenen Straßen von Konstanz – als »Kurbad Laube«, in dem sich wohlbeleibte Senioren in derb-dreisten Posen von der Hektik des modernen Alltags erholen. An dem eigentümlichen Kunstgebilde geben sich verführerische Schönheiten, coole Motorrad- und Autofahrer, Tiere mit menschlichem Antlitz, abgasgeplagte Engel und ein Papst im Papamobil ein außergewöhnliches Stelldichein. Die rund 30, teilweise recht skurrilen, Gestalten, wie das »Erdferkel mit bebrilltem Aufblick« oder der »Stoische Affe«, regen zum Staunen und Nachdenken an.

Obwohl es vielleicht schwerfällt, sich von dieser kuriosen Figurenwelt zu lösen, spazieren wir wieder zurück in Richtung ehemalige Stadtmauer und folgen der **Unteren Laube** einige Schritte nach Norden. An der nächsten Möglichkeit halten wir uns rechts, biegen in die **Katzgasse** ein und spazieren direkt auf das Münster zu. Eine besondere Attraktion der Gasse ist das Geschlechterhaus »Zur Katz« (Nr. 3), das zweite Domizil der berühmten Konstanzer Patriziergesellschaft von 1424. Das »neue« Haus wurde nach dem Vorbild des Florentiner »Palazzo Vecchio« im Buckelquaderstil gebaut und gilt als ältester bürgerlicher Renaissancebau nördlich der Alpen.

Ursprünglich als repräsentativer Fest- und Versammlungsort verwendet, ist es heute Teil des neuen

Oben: Im Zenit der Geschichte: Blick auf die Glaspyramide und die Welserkapelle.
Unten: Majestätischer Sakralbau: das Münster

Kulturzentrums. Auch das Nachbarhaus (Nr. 5) ist geschichtsträchtig, wurde hier doch am 4. April 1492 der Konstanzer Reformator Ambrosius Blarer geboren. Schließlich erreichen wir den **Münsterplatz**, der fast ganz von dem wuchtigen romanisch-gotischen Westwerk des Münsters eingenommen wird. Die massige Wand aus grauem Sandstein wird nur durch die kunstvollen Steinmetzarbeiten der Welserkapelle und einzelne gotische Fensterdurchbrüche aufgelockert.

Links davor bietet seit 2003 mitten auf dem Platz eine kleine Glaspyramide interessante Einblicke in die Anfänge der Stadt als römisches Kastell Constantia. Bei jüngsten archäologischen Grabungen auf dem Platz wurden Teile der spätrömischen Festungsanlage mit Mauer und Eckturm aus dem 4. Jahrhundert freigelegt und sichtbar gemacht. Sie können auch im Rahmen von Führungen unterirdisch begangen werden. Die West- und Nordseite des Münsterplatzes wird noch immer von den Fassaden der zahlreichen Domherrenhöfe beherrscht, denn die Mitglieder des Domkapitels wohnten gerne nahe bei ihrer Kathedrale. Der Bischof selbst bevorzugte seit der vorübergehend eingeführten Reformation seine behaglichen Räumlichkeiten in Meersburg.

Ein Gebäudeensemble kann auch von innen besichtigt werden:

Geschichtsträchtig: Innenraum des Münsters.

Meisterstück der Gotik: Nordseite mit Welserkapelle.

das »Kulturzentrum am Münster«. Es besteht aus mehreren mittelalterlichen Häusern und einem Neubau und bietet Raum für unterschiedlichste Ausstellungen und Veranstaltungen. Sehenswert ist der Eingangsbereich mit spätmittelalterlichen Wandmalereien, der romanische Wohnturm im Innenhof sowie das »Wessenberghaus«, das 1617 durch das Zusammenfassen mehrerer älterer Wohnhäuser entstanden ist. Letzter Bewohner und Namensgeber war der Generalvikar und letzte Bistumsverweser Ignaz Heinrich von Wessenberg (1774–1860). Dem durch das Intervenieren des Papstes verhinderten Erzbischof von Freiburg verdankt Konstanz dessen große Gemäldesammlung und Privatbibliothek mit über 20 000 Bänden. Das eindrucksvolle Haus beherbergt heute die »Wessenberg-Galerie« mit wechselnden Ausstellungen von Meisterwerken aus dem 16. bis 20. Jahrhundert. Ebenfalls am Münsterplatz steht das unscheinbare Haus »Zur Kunkel« (Nr. 5), das im Inneren mit einer Fülle an gut erhaltenen Wandmalereien aus dem 13. und dem frühen 14. Jahrhundert begeistert. In den »Weberfresken« wird ganz profan die Herstellung und Verarbeitung von Leinwand dargestellt. Ein anderer Freskenzyklus im zweiten Obergeschoss zeigt Szenen aus

Wolfram von Eschenbachs »Parzival«, in einem weiteren haben unbekannte Künstler die Sinnesorgane des Menschen und Samsons Kampf mit dem Löwen abgebildet, und die Hofeinfahrt zeigt den Kampf der Tugenden gegen die Laster. Das einmalige Haus gehörte ursprünglich einem Kleriker der ehemaligen Stiftskirche St. Johann, die 1813 profaniert wurde. Die Teilnahme an einer Führung ist empfehlenswert. Informationen dazu erhält man im benachbarten Kulturzentrum. Konstanz gilt heute als die am reichsten mit Wandmalereien ausgestattete Stadt des deutschen Sprachraumes. Vom Haus »Zur Kunkel« hat man einen schönen Blick auf den östlichen Teil des Münsterplatzes mit den beiden noch erhaltenen Kreuzgangflügeln des Münsters, dem mächtigen Langhaus des Münsters – dem ursprünglichen Wohnhof des Bischofs von St. Josef und der Christuskirche (siehe Tour 1).

Schaut man von hier durch die Sankt-Johann-Gasse, so lugt zwischen den Hausgiebeln die ehemalige Kirche St. Johann hervor. Nur wenige Schritte weiter und wir stehen vor dem Hauptportal des Münsters. Wir stürzen aber nicht gleich in das Gotteshaus. Auch sein Äußeres mit der filigranen Welserkapelle, den unheimlichen Wasserspeiern und den prächtig geschnitzten Holztüren von 1470 verdient mehr als einen Blick!

Konstanzer Münster: sakrales Gesamtkunstwerk im Herzen Europas

Die Geschichte des Konstanzer Münsters ist von jeher eng mit der Geschichte des um das Jahr 600 gegründeten Bistums Konstanz verbunden – bis zu seiner Auflösung 1821 das größte nördlich der Alpen. Die Schutzheiligen der »Basilica minor« (ein Ehrentitel des Papstes für besondere Kirchengebäude) sind die Jungfrau Maria und die Patrone des ehemaligen Bistums Konstanz, Pelagius und Konrad von Konstanz. Das Münster war somit für gut zwölf Jahrhunderte Bischofsdom und diente während des Konzils (1414–1418) als Sitzungssaal. Vermutlich errichteten eingewanderte Alemannen bereits im 6. Jahrhundert hier zwischen den Ruinen des römischen Kastells Constantia eine erste Basilika. Anfang des 10. Jahrhunderts wurde die Mauritiusrotunde erbaut, und kurz darauf begann unter Bischof Lambert der Bau des Münsters in seiner heutigen Form – als große dreischiffige Säulenbasilika mit kreuzförmigem Grundriss. Das mächtige Westwerk entstand im 12. und frühen 13. Jahrhundert. In der Folgezeit wurden weitere Kapellen angebaut und ab 1423 gotisch umgestaltet. Ein wichtiger Einschnitt in der Geschichte des Kirchenbaus wurde das Jahr 1526. Konstanz führte die Reformation ein, und der Bischof verließ mitsamt dem Domkapitel die Stadt. Viele Altäre wur-

**Oben: Meisterwerk der Renaissance: Orgel mit Empore.
Unten: Schatzkammer Thomaschor: Marientod und Schnegg.**

den Opfer von aufgebrachten Bilderstürmern, und weitere geplante Bauvorhaben wie beispielsweise ein Turm nach dem Vorbild des Freiburger Münsters kamen nicht mehr zur Ausführung. Der neugotische Turmaufsatz stammt von 1853.

Kleiner Münsterrundgang: Betritt man die Kathedrale, so fällt der Blick zunächst auf die 16 romanischen Monolithsäulen, auf denen die erst im 17. Jahrhundert eingezogenen Gewölbe ruhen. Den Abschluss bildet der am Ende des 18. Jahrhunderts klassizistisch umgestaltete Ost-Chor mit dem Hochaltar. Besondere Schmuckstücke sind die Welserkapelle (links vom Haupteingang), ein wahres Meisterwerk spätgotischer Steinmetzkunst, sowie die in den ausladenden Formen der frühen Renaissance geschaffene Orgelempore mit der gewaltigen Orgel aus derselben Zeit. Es gibt im Konstanzer Münster viele offensichtliche und versteckte Sehenswürdigkeiten zu entdecken: Unbedingt ansehen sollte man sich neben einer Turmbesteigung das gotische Chorgestühl und den sechseckigen Treppenturm »Schnegg« von 1438 neben einer spätgotischen Darstellung des »Marientodes« im nördlichen Querschiff, dem Thomaschor. Eine fast tragikomische Geschichte verbindet sich mit der hölzernen Schnitzfigur des »Urvaters Abraham«, der die 1680 geschaffene Kanzel »trägt«. Im 18. Jahrhundert verdächtigten Gläubige diese Figur plötzlich als eine Darstellung des »Ketzers« Jan Hus und malträtierten die »elende hölzerne Mannsfi-

Blick vom Thomaschor ins Kirchenschiff.

Einzigartig: Majestas-Domini-Scheibe.

gur« immer wieder mit Eisennägeln. Die Beschädigungen sind bis heute erkennbar. Der dunkle Fleck im Mittelschiff soll die Stelle sein, wo Hus und andere bei ihrer Verurteilung gestanden hatten. Neben dem eigentlichen Kirchenraum beherbergt das Münster weitere sehenswerte Räumlichkeiten. Sie sind über den Thomaschor erreichbar, von dem man zuerst in die Konradikapelle gelangt. Sie birgt ein besonderes Kunstwerk, den »Bockstorfer Altar« von 1524, der den Konstanzer Meistern Christoph Bocksdorfer oder Matthäus Gutrecht zugeschrieben wird. Unter der Kapelle befindet sich das Grab des heiliggesprochenen Bischofs Konrad von Konstanz, welches bald nach seinem Tod wichtiges Pilgerziel wurde. Von hier öffnet sich auf der rechten Seite ein Durchgang zu den ältesten Räumen des Münsters. In der archaisch anmutenden Krypta aus dem 9./10. Jahrhundert sind vier originale Goldscheiben aufgestellt, die von der Kirchenaußenwand stammen und in ihrer Art einzigartig sind.

LInks: Sakrale Kostbarkeit: Mauritiusrotunde mit dem Heiligen Grab. Rechts: Der Jakobsweg führt durch Konstanz.

Die größte Scheibe, die »Majestas Domini« mit der majestätischen Darstellung von Christus, stammt aus der Zeit um 1000.

Die anderen stellen Pelagius, Konrad und den Evangelisten Johannes, symbolisiert als Adler, dar. Das Pelagiusgrab mit den Gebeinen des Heiligen stammt von 904, nachdem Bischof Salomon III. sie nach Konstanz umbetten ließ. Nachdem wir die Krypta besichtigt haben, gehen wir wieder zurück zur Konradikapelle. Durch eine alte Holztüre auf der Nordseite gelangen wir in den gotischen Kreuzgang, von dem noch zwei Flügel erhalten sind. Die beiden anderen wurden bei einem Brand im 19. Jahrhundert zerstört. Über eine Tür in der Ostwand des Kreuzganges kommt man zur vielleicht größten Kostbarkeit des Münsters, die Mauritiusrotunde, welche Bischof Konrad 940 für die Pilger erbauen ließ. Vorbild war die Jerusalemer Grabeskirche. Wer sich die weite Reise bis ins Heilige Land nicht leisten konnte, umkreiste stattdessen dieses Grab dreimal. Die Kapelle war darüber hinaus eine wichtige Station der Jakobspilger. In der Mitte des Rundbaus thront das 4,65 Meter hohe Heilige Grab von 1260 mit filigran ausgeführten Bildhauerarbeiten. Zwischen der zinnenartigen Dachbrüstung mit gotischen Dreipässen stehen die kunstfertig aus Stein gehauenen Figuren der zwölf Apostel. Rings um das Heilige Grab werden Szenen aus der Weihnachtsgeschichte, im Inneren aus der Ostergeschichte figürlich dargestellt.

Wir schreiten nun südlich vom Münster über den leicht erhöhten **Pfalzgarten** mit der barocken Mariensäule. Eine grüne Oase der Ruhe mitten im lebhaften Zentrum der Altstadt. Bis 1830 stand hier die bischöfliche Pfalz. Nun folgen wir für kurze Zeit dem Schwabenweg in südliche Richtung. Es ist der Abschnitt des Jakobsweges, der durch das Gebiet des alten Herzogtums Schwaben führte. Beim Einbiegen in die **Hofhalde** lohnt sich ein kurzer Blick nach Westen auf das wohl schmalste Haus in der Konstanzer Altstadt, das Haus »Zur Wage« von 1273.

Weiter über die Straße **Vor der Halde** gelangen wir in die **Zollernstraße**. Dieses Wohnviertel ist noch wenig saniert und vermittelt mit seinen bröckelnden Fassaden noch etwas vom Zustand der Altstadt bis zu den 1970er-Jahren. Einige Stein- und Fachwerkhäuser wie das Haus »Zum Silbrin Mond« von 1539 oder das Haus »Zum vorderen Tanz« von 1490 mit seinem schönen spätgotischen Eingangsportal erinnern an das hohe Alter auch dieser Altstadtgasse. In der **Zollernstraße** halten wir uns links und erreichen nach wenigen Schritten wieder den Ausgangspunkt Fischmarkt.

Hingucker: Haus »Zur Wage«.

TOUR 3 TELEGRAFENGÖTTER, EINKAUFSTEMPEL, SÜNDENKIRCHE

Rundgang durch die südliche Altstadt und Stadelhofen

Tourbeginn und -ende: *Marktstätte*

Bushaltestellen: *Marktstätte, Konstanz Bahnhof, fast alle Linien*

Tourenlänge: *2,1 km*

Höhenunterschiede: *8 m*

Einkehrmöglichkeiten: *Gastronomie in der südlichen Altstadt*

Kurios: Telegrafengott.

Wir beginnen diesen faszinierenden Rundgang am unteren Ende der Marktstätte, einem der belebtesten Plätze der Altstadt. An schönen Tagen geht es zwischen den voll belegten Tischen der vielen Restaurants manchmal zu wie auf der Piazza Navona in Rom. Allerdings sind hier die Gebäude und der Brunnen weniger spektakulär, dafür die Preise moderater. Von Osten her hat der Platz durch die Unterführung direkten Zugang zum Hafen, wenn auch der Blick auf den See fast völlig versperrt ist. Die Südseite wird vom schlossartigen Komplex der 1891 als Reichspostdirektion erbauten Sparkasse dominiert.

Mit seinen beiden Kuppeltürmen und der prächtigen Neorenaissance-Fassade ist es eines der imposantesten Konstanzer Geschäftsgebäude. Betrachtet man den Figurenschmuck an den verschiedenen Fassadenseiten genauer, fällt auf, dass sich die damaligen Bildhauer auch

Prachtbau der Belle Époque: ehemalige Reichspostdirektion.

ganz originelle Elemente einfallen ließen.

So halten die Engelsfiguren einen Telefonhörer in der Hand, eine antike Gottheit hält einen mit Isolatoren geschmückten Dreizack, andere wuchten Telegrafenmasten oder tun sonstige Dinge, die man von ihnen eigentlich nicht erwarten würde. Zahlreiche exotische Köpfe repräsentieren die Kontinente, mit denen man damals telefonisch in Verbindung treten konnte. Links davon ragt der schlanke Bahnhofsturm von 1863 grazil in die Höhe. Vorbild dafür soll der Campanile des Palazzo Vecchio in Florenz gewesen sein, zu dem die Konstanzer wohl eine besondere Affinität besaßen (siehe Tour 2). Auf der Nordseite des alten Hafenmarktes steht das ehemalige »Hotel Krone«, das 1895 mit einer Fassade im französischen Louis-quinze-Stil ausgestattet wurde. Es ist ein Beispiel prachtvoller Hotelarchitektur, als die europäische »Belle Époque« Konstanz als Urlaubsziel entdeckte.

Wir gehen über den Platz in Richtung Westen und kommen am Haus »Zum Goldenen Adler« vorbei. Das einstige »Hôtel de l'Aigle« war früher bei Gästen mit Rang und Namen beliebt. Neben Johann Wolfgang von Goethe logierte hier auch Prinz Louis Napoleon Bonaparte, der spätere Kaiser Napoleon III. Seither bildet ein nach Südwesten blickender, goldener napoleonischer Adler die Spitze des imposanten Erkers. Im oberen Teil der Marktstätte haben sich einige schöne hochmittelalterliche Wohnhäuser erhalten, wie das Haus »Zum Roten Korb« von 1384 mit gotischem Stein-Erker oder das Haus »Zum Roten Adler« von 1303. Am oberen Ende des alten Marktes stoßen wir auf den originellen Kaiserbrunnen.

Nachdem er im Zweiten Weltkrieg seinen feudalen Figurenschmuck verloren hatte, ließ das Künstler-Ehepaar Rumpf 1990 die Kaiserbildnisse karikaturistisch wiedererstehen. Barbarossa blickt zum See, Maximilian verweist auf seine Gattin Bianca Maria Sforza, die er nach dem Reichstag von 1507 angeblich als Schuldpfand in der Stadt zurückgelassen haben soll. Sie werden von komischen Skulpturen wie Wasser speienden Seehasen, einem dreiköpfigen Pfau mit drei Papstkronen und weiteren Figuren umringt, die satirisch auf die Konzilszeit und die Stadtgeschichte anspielen.

Wir biegen nun nach links in die **Rosgartenstraße** ein. Rechter Hand steht das einzige Konstanzer Haus mit Rokokofassade. Das 1774 erbaute Haus »Zum Wolf« fällt nur deshalb in Konstanz völlig aus dem

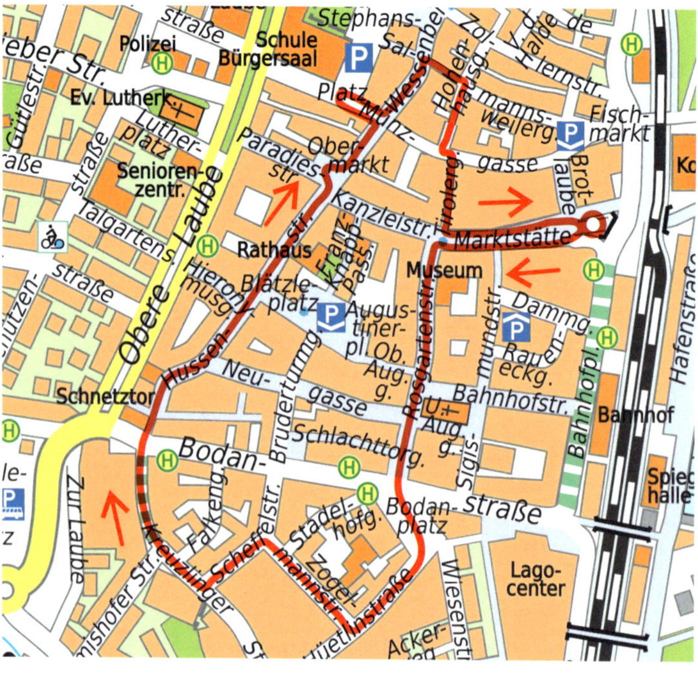

■ **Oben: Ehemaliges Grand-Hotel Krone. Unten: Gelungene Symbiose aus Alt und Neu: der Kaiserbrunnen, dahinter das Haus zum Wolf.**

Rahmen, weil die Stadt damals so verarmt war, dass sich fast niemand einen Neubau im neuen Stil leisten konnte. Im schräg gegenüberliegenden mittelalterlichen Zunfthaus »Zum Rosengarten« befindet sich heute die wohl bedeutendste kunst- und kulturgeschichtliche Sammlung des Bodenseeraumes, das Rosgartenmuseum. Seine Gründung geht auf den engagierten Apotheker Ludwig Leitner zurück, dessen

Theatralischer Jugendstil: Turmhaube der Rosgarten-Apotheke.

Sammeleifer im 19. Jahrhundert die unterschiedlichsten historischen Kostbarkeiten für die Nachwelt gerettet hat. Das Haus selbst hat während seiner langen Geschichte schon einiges erlebt: Erst Zunfthaus der Metzger, Apotheker und Krämer, dann Trinkhalle, später wurde es Schule für jüdische Kinder und schließlich Depot einer Seifensiederei.

Wir gehen die Straße in südlicher Richtung weiter. Auf der rechten Seite zieht ein imposantes Jugendstilhaus mit seinen kuriosen Turmaufbauten das Augenmerk auf sich. Die 1907 von Architekt Hans Dahme erbaute Rosgarten-Apotheke ist eines der außergewöhnlichsten Jugendstilgebäude in der Altstadt.

Viele Gebäude in diesem Teil der Stadt gehörten früher jüdischen Geschäftsleuten, die sich hier ab 1862 niederlassen durften, nachdem das liberale Großherzogtum Baden als erster deutscher Staat die uneingeschränkte Gleichberechtigung ihrer jüdischen Mitbürger einführte. Nach einigen Schritten stehen wir vor der Dreifaltigkeitskirche. Die gotische Basilika entstand ab 1268 als Klosterkirche der Augustiner-Eremiten und wurde 1740 barock umgestaltet. Eine Kostbarkeit sind die von König Sigismund aus Dankbarkeit gestifteten Wandfresken aus der Konzilszeit, als er Gast im Kloster war. Östlich der Kirche stand bis zu ihrer Zerstörung am 10. November 1938 die 1883 eingeweihte Synagoge. Heute erinnert dort eine schwarze Gedenkstele an die 112 jüdische Konstanzer Bürger, die 1940 nach Gurs deportiert und später in verschiedenen Vernichtungslagern ermordet wurden.

Wir folgen weiter der Rosgartenstraße und kommen an historischen Geschäftshäusern der letzten Jahrhundertwende vorbei. Viele der Häuser gehörten vor dem Zweiten Weltkrieg jüdischen Geschäftsleuten. Sie waren ab der Reichspogromnacht am 9. November 1938 schutzlos der Willkür der Nazis ausgeliefert und verloren bald darauf ihren Besitz und häufig auch ihr Leben.

Nach kurzer Zeit erreichen wir die breite **Bodanstraße,** die wir am Fußgängerüberweg queren. Auf der anderen Seite befindet sich der hübsch eingegrünte **Bodanplatz,** der einstige Rindermarkt. Heute erinnert der Brunnen mit dem »Metzgerle«, dem Symbol der Metzgerzunft, was viele Rinder auf diesem Platz zu erwarten hatten. Wir befinden uns im Stadtteil Stadelhofen, dem einstigen Quartier der Viehhirten, Schlachter, Handwerker und Tagelöhner, die hier zwischen Rindertor, innerem Stadtgraben und äußerem Stadtmauerring lebten. Weiter geht's rechts am »Hotel Hirschen« vorbei in die **Hüetlinstraße,** die bereits 1312 urkundlich erwähnt wurde. Die ehemalige Rossgasse ist heute ein ruhiges Pflaster mit charmanten, bunt angestrichenen Häuschen unterschiedlichen Alters.

Zur hübschen **Zogelmannstraße** halten wir uns rechts und gelangen in die **Scheffelstraße,** gehen nach links und erreichen die **Kreuzlinger Straße.** Hier halten wir uns rechts und kommen an der ehemaligen Kirche St. Jodok (Haus Nr. 15) vorüber. Dahinter liegt noch

■ **Früher schon elegante Einkaufsmeile, in der MItte das ehemalige jüdische Schuhgeschäft Bottina.**

die mittelalterliche »Josen-« oder »Elendenherberge«, auch »Seel-« oder »Blatternhaus« genannt, einem ehemaligen Pilgerhospiz, welches auch für die Armenfürsorge zuständig war. Der heilige Jodok galt wie Jakobus als Patron der Pilger, Reisenden und Schiffer und zudem als Helfer gegen Fieber und Pest. Er passte somit ideal zu diesem Ort. Stadelhofen soll während der Gegenreformation noch für einige Zeit ein Hort der Protestanten gewesen sein, bei denen der Friedhof von St. Jodok besonders beliebt war. Der ehemalige Sakralbau von St. Jodok wurde im 19. Jahrhundert in ein Wohn- und Geschäftshaus umgebaut und beherbergt heute einen Striptease-Club. Die ehemalige Kirche mit Chor erkennt man am ehesten, wenn man sie vom rückwärtigen Hof her betrachtet, auf dem heute statt Grabkreuzen Autos stehen. Wir sind nun ganz dicht an die Schweizer Grenze herangekommen. Am Ende der kurzen Emmishofer Straße beginnt die Schweizer Stadt Kreuzlingen. Nach dem Krieg hatte sich in diesem Quartier ein Rotlichtviertel mit Striplokalen und dergleichen entwickelt, weil solche Etablissements in der Schweiz lange Zeit stark reglementiert waren. Einige Bars wie die in St. Jodok existieren noch, aber die Träume vom großen Geld sind nach der Schweizer Liberalisierung von 1992 wie Seifenblasen zerplatzt. Der bis 2006 trennende Grenzzaun

■ **Heimelige Welt: Hüetlinstraße.**

wurde 1939 von beiden Seiten zur Eindämmung des Flüchtlingsstromes aufgestellt. Zuvor konnten hier am Döbele und an der Schwedenschanze viele Juden und politisch Verfolgte einigermaßen unbehelligt in die Schweiz gelangen. Ein tragisches Beispiel war der Fall des Hitler-Attentäters Georg Elser. Elser kannte Konstanz noch aus seiner Lehrzeit und wollte hier nach seinem missglückten Attentat im Münchner Bürgerbräukeller am 8. November 1939 emigrieren. Da er vom neu errichteten Zaun jedoch noch nichts wusste, wurde er an der Grenze festgenommen und später im Konzentrationslager Dachau ermordet.

Wir folgen der Kreuzlinger Straße in Richtung Nordosten und gelangen ins ehemalige Konstanzer Gerberviertel. Noch heute sieht man beiderseits der Straße die alten Handwerkerhöfe mit ihren steilen Dachstühlen, in denen früher die Häute zum Trocknen aufgehängt wurden. Im rot getünchten Haus Nr. 8 befindet sich ein origineller gotischer Erker, der von einer Figur mit Gerbermesser getragen wird.

Ein besonders schönes Beispiel der ursprünglichen Bebauung ist auch die gegenüberliegende sogenannte Felsenburg (Haus Nr. 7), die im 15./16. Jahrhundert als Haus »Zum Steinhaufen« entstand. Wir gehen die Straße weiter und kommen zum beeindruckenden Schnetztor.

Kecker Beobachter aus alten Tagen: Gerber als Erkerfigur.

Schnetztor

Das Stadttor mit seiner nach Süden hin eindrucksvollen Buckelquaderfassade aus dem 14. Jahrhundert ist der Rest der mächtigen Stadtbefestigung, die neben der Ringmauer aus 20 Toren und Türmen bestand. Es kontrollierte ursprünglich den gesamten Konstanzer Reise- und Handelsverkehr in Richtung Italien. Kaiser und Könige zogen durch dieses Tor in die Stadt, und die zum Tode Verurteilten schleppten sich hier hinaus zur Hinrichtungsstätte. Im Turmdach waren zwei Glocken aufgehängt. Eine davon, die »Armsünder-« oder »Lumpenglocke«, läutete den Verurteilten zum letzten Gang. Das Schnetztor war im Mittelalter auch Schauplatz so mancher Schauergeschichte. So soll dort 1452 ein Mann nach dem Mord an seiner Frau lebendig eingemauert worden

Wehrhafter Abschluss der südlichen Altstadt: das Schnetztor.

sein, wobei ihm bis zu seinem Tod täglich etwas Brot und Wasser durch ein kleines Loch gereicht wurde. Das Glockentürmchen wird seit 1979 mit dem 1,20 Meter hohen »Blätzlebuebe« gekrönt, der nun als Wetterfahne oder »Wetter-Blätz« der Stadt zeigt, woher der Wind weht. Ein Jahr zuvor hatte die traditionsreiche Konstanzer Narrenzunft der Blätzlebuebe im Turm ihre Zunftstube eingerichtet. Der Blätzlebueb ist zusammen mit dem »Hemdglonker« eine alte Konstanzer Fasnachtsfigur. Das alemannische Wort »Blätzle« bedeutet so viel wie »Stofflicken«, und die hiesigen »Narrenhäser« bestehen traditionell aus bunten Stoffresten.

Auf der anderen Seite des Tores beginnt die **Hussenstraße** mit dem Hus-Museum. Das Haus »Zur roten Kanne« (Nr. 22) soll dem tschechischen Reformator Jan Hus bis zu seiner Verhaftung im November 1414 als Herberge gedient haben. Weitere beeindruckende alte Wohngebäude wie das Haus »Zur weißen Ilge« von 1356 oder das gegenüberliegende gotische Geburtshaus von Heinrich Suso bzw. Seuse (siehe Tour 1) säumen die Straße, die wir weiter in gleiche Richtung begehen. Auf der rechten Seite drängt sich bald ein 1960 eröffneter Warenhauskomplex ins Blickfeld. Die an der nüchternen Sandsteinfassade angebrachte Inschrift »Zum weißen Pfau« erinnert an eines der schönsten bürgerlichen Barockgebäude nördlich der Alpen, das zusammen mit den ebenfalls historischen Wohnhäusern »Zum Weingarten« und »Zur Nussschale« dem ehrgeizigen Neubauvorhaben der Stadt geopfert wurde. Gegenüber befindet sich neben der neoklassizistischen Fassade eines früheren »Photographischen Ateliers«, etwas abgesetzt von der Straße, das Kulturzentrum K9 in der ehemaligen Kirche St. Paul. Das rechts daneben stehende Holzkreuz hinter dem alten Pfründhaus (Hussenstraße 26) ist der letzte Überrest ihres ehemaligen Friedhofs. Im weiteren Verlauf der Hussenstraße kommen wir am Haus Nr. 18 vorüber, durch seine außergewöhnliche Bemalung ein historischer Eyecatcher.

Der heute international anerkannte und damals wohl recht mutige Konstanzer Künstler Hans Breinlinger bemalte 1922 die Frontseite des Verlagshauses von Oskar Wöhrle im Stil des Expressionismus. Dies verursachte im konservativen Konstanz einen Skandal, denn der Stil widersprach dem damaligen bürgerlichen Geschmacksempfinden ganz und gar, und es grenzt fast an ein Wunder, dass die Bemalung bis heute erhalten geblieben ist. Im Gutachten der damals eilig herbeizitierten Denkmalbehörde heißt es wörtlich: »Fragliche Fassadenmalerei scheint mir ein Dokument ihrer Zeit und ihrer grellen Zerrissenheit, künstlerisch interessant, aber ein Schlag ins Gesicht dem bürgerlichen Gemeinschaftsgefühl«. Hans Breinlinger ging später nach Berlin, wo er neben expressionisti-

Oben: Blätzle- oder Narrenbrunnen am Blätzleplatz. Unten: Fassadenmalerei in der Hussenstraße.

schen und kubistischen Malereien zahlreiche Fenster- und Altarbilder für Kirchen in Berlin und Schlesien schuf. Nach der Zerstörung Berlins im Zweiten Weltkrieg kehrte er jedoch wieder in seine alte Heimat Konstanz zurück. Der elsässische Verleger und Schriftsteller Oskar Wöhrle gründete in diesem Haus den progressiven Seeverlag und den Oskar-Wöhrle-Verlag und öffnete sein Domizil für avantgardistische Künstler und Schriftsteller der Region. Junge, noch unbekannte Talente konnten hier bis zum Verlagskonkurs 1925 für einige Zeit leben und auch arbeiten. Wöhrles Buch »Querschläger« wurde bei der Bücherverbrennung der Nazis im Mai 1933 mit ins Feuer geworfen und bald darauf überall im Reich verboten. Nach seiner Flucht zuerst ins Elsass und dann nach Prag kollaborierte er jedoch mit NS-Behörden, um weiter schriftstellerisch arbeiten zu können.

Zwei Häuser weiter steht auf derselben Seite das gotische Wohnhaus »Zum Delphin«, in dem 1415 Hieronymus von Prag, ein Freund und Mitstreiter von Jan Hus, während des Konzils gewohnt haben soll. Ein besonderer Hingucker ist das runde gotische Maßwerkfenster im obersten Geschoss. Nicht entgehen lassen sollte man sich auch die

Gerettetes Kleinod: Renaissance-Erker am Malhaus.

Wunderschön: der Obermarkt.

niedliche Abbildung eines Delfins – wie sich Konstanzer Steinmetze im Mittelalter solch ein Tier eben vorstellen konnten. Einige Meter weiter taucht hinter dem Gasthof »Sonne« die Malhaus-Apotheke von Ludwig Leisner auf, der sich neben dem Verkauf von Pillen hauptsächlich mit dem Sammeln von historischen Objekten beschäftigte (siehe oben). Der hübsche Erker aus der Spätrenaissance zierte früher das abgebrochene Haus »Zum Strahl« und verdankt Leisner seine Rettung.

Das aus dem 14. Jahrhundert stammende »Gemalhus«, später Malhaus, bildet den südwestlichen Rand des Obermarkts, eines der zentralen Plätze der Altstadt. Neben dem üblichen Markttreiben wurden hier Menschen an den Pranger gestellt und auch hingerichtet. Blickfang ist das spätgotische Haus »Zum Hohen Hafen«. In patriotischer Begeisterung wurde es um 1900 von dem Künstler Carl von Häberlin bemalt. Der ungewöhnliche Hausname geht auf die Erbauer zurück, die Haffen von Lindow. Links daneben steht das imposante »Hotel Barbarossa« mit hübschem Jugendstildachreiter, an dessen Stelle schon um 1419 die Gastwirtschaften »Zum Egli« (Zum Flussbarsch) und »Zum Kemli« (Zum Kamel) urkundlich erwähnt wurden. Der historische Name »Barbarossa« bezieht sich auf den zwischen Kaiser Friedrich I., Beiname »Barbarossa« (»Rotbart«), und den lombardischen Städten im Jahr 1183 abgeschlossenen Konstanzer Frieden. Im Westen findet der Platz durch den 1601 errichte-

Originelles Wirtshausschild am Gasthaus Elefanten.

ten Renaissancegiebel des Hauses »Zum großen Mertzen« mit reichen Verzierungen einen hübschen Abschluss.

Es lohnt sich, auch einen Blick in das beschauliche Gässchen zwischen dem Hotel und dem Haus »Zum großen Mertzen« zu werfen. Wir spazieren nun durch die **Wessenbergstraße**, der alten Hauptverkehrsader »Blatten«, in Richtung Norden weiter. An der Ecke zur Münzgasse hat sich das stattliche Patrizierhaus »Zum hohen Hirschen« aus dem 14. Jahrhundert erhalten. Gegenüber steht das Haus »Zum hinteren Mohren«, in dem sich seit dem 18. Jahrhundert die »Mohren-Apotheke« mit der Mohrenstatue am Hauseck befindet. An der Seitenfront sind noch zugemauerte Fenster- und Türöffnungen aus der Erbauungszeit erkennbar. Dahinter ragt der imposante Bau des 1904 als »Zum Deutschen Haus« erbauten Hotel Zeppelin hervor, das mit Szenen aus der Konstanzer und deutschen Geschichte bemalt wurde. Gegenüber dem Hotel steht das um 1250 gegründete ehemalige Franziskanerkloster, das im 17. und 18. Jahrhundert gründlich umgebaut und erweitert wurde. Nach der Säkularisation wurden die Konventgebäude zur Schule; die Kirche verwandelten die Stadtväter 1844 in das »Stadthaus«, den heutigen »Bürgersaal«. Vier Jahre später, am 13. April 1848, zog der Anführer der Badischen Revolution, Friedrich Hecker, zusammen mit einigen revolutionären Weggefährten und Freischärlern vom damals als liberal geltenden Konstanz in Richtung Karlsruher Residenz. Der als »Heckerzug« bekannt gewordene revolutionäre Marsch wurde jedoch innerhalb kürzester Zeit durch das Militär niedergeschlagen. Hecker soll vor dem Marsch angeblich vom Balkon des Stadthauses die erste deutsche Republik ausgerufen haben.

Wir folgen der Straße weiter und kommen am spätgotischen Haus »Zum Falken« (Haus Nr. 14) vorbei, in dem 1787 Guillaume-Henri Dufour das Licht der Welt erblickte. Der Sohn eines aus Genf stammenden Uhrmachermeisters gilt heute als einer der Gründungsväter der modernen Schweiz sowie der Genfer Konvention zum Schutz der Kriegsverwundeten und des Internationalen Roten Kreuzes.

An der nächsten Kreuzung biegen wir am beeindruckenden mittelalterlichen Wohnturm »Zum Elefanten« mit der gleichnamigen Gaststätte nach rechts in die **Salmannsweilergasse** ein. Die enge Gasse zwischen Patrizierhäusern aus dem 14. und 15. Jahrhundert versetzt den Besucher in die faszinierende Welt des Hochmittelalters zurück. Wir erreichen die **Hohenhausgasse**. Die uralte Straßenkreuzung wird noch ausnahmslos von gotischen Wohnsitzen wie dem grünen Haus »Zum Lindwurm« von 1476, dem Haus »Zum Hinteren Bär« von 1387 und dem Gebäude »Zum Roten Haus« von 1284 geprägt. Wir halten uns rechts. Nach einigen Schritten bietet sich rechter Hand ein schöner Blick auf die prachtvolle Renaissance-Fassadenbemalung (von 1580) des mittelalterlichen Wohnturms »Zum Goldenen Löwen«.

Wir folgen der uralten Gasse weiter und gelangen nach Überquerung der Münzgasse schräg links in die schmale **Tirolergasse** mit weiteren eher kleinen, aber umso charmanteren mittelalterlichen Wohnhäusern zu unserem Ausgangspunkt, der Marktstätte, zurück.

Kunstvoller Blickfang: Wohnturm »Zum Goldenen Löwen«.

TOUR 4 GNOME, HUSSENSTEIN UND SPRACHENKULT

Entdeckungsreise durch die Wunderwelt des Konstanzer Paradieses

Tourbeginn und -ende: *Rathaus in der Kanzleistraße*

Bushaltestelle: *Stephansschule, Linien: 1, 2, 3, 6, 9B, 12, 14*

Tourenlänge: *2,9 km*

Höhenunterschiede: *2 m*

Einkehrmöglichkeiten: *Gastronomie in der Altstadt und im Paradies*

Anmutig: Jugendstil-Detail in der Oberen Laube.

Dieser bezaubernde Rundgang beginnt am Rathaus in der **Kanzleistraße**. Hinter der etwas dunkel gewordenen Rathausfassade in der Kanzleistraße verbirgt sich ein ganzes Ensemble historischer Stadthäuser, wie das ehemalige Zunfthaus der Leinweber aus dem 16. Jahrhundert, dessen Fassade im 19. Jahrhundert von Ferdinand Wagner mit Szenen aus der Stadtgeschichte bemalt wurde. Dahinter steht das mittelalterliche Gebäude »Haus Thurgau«, in dem sich heute der Ratssaal befindet. Absoluter Höhepunkt ist der von der italienischen Renaissance geprägte Innenhof mit seinen Türmen, Rundfenstern und seiner herrlichen Bemalung. Er kann während der Öffnungszeiten des Rathauses besichtigt werden. Über Generationen hinweg gingen hier Rechtsgelehrte ein und aus, bis sich der Konstanzer Rat im 19. Jahrhundert in das schöne Gemäuer verliebte und es gegen den bescheidenen Amts-

Prachtvolle Renaissance: Rathausinnenhof.

sitz am Fischmarkt eintauschte. An die früheren Nutzer erinnert heute nur noch der Straßenname.

Wir gehen die Kanzleistraße leicht bergauf und biegen nach links in die **Hussenstraße** ein. An der nächsten Abzweigung, der **Hieronymusgasse**, halten wir uns rechts und kommen am Kulturzentrum K9 in der ehemaligen Kirche St. Paul vorbei. Nach einigen Schritten verlassen wir die mittelalterliche Altstadt und überqueren den alten Stadtgraben, die **»Obere Laube«.** Auf der anderen Straßenseite treffen wir quasi auf das Portal des hier beginnenden Stadtteils Paradies: Das außergewöhnliche Stadthaus Nr. 42 mit seinem mondänen Frauenkopf über dem Eingang ist ein schönes Jugendstilzeugnis des Architekten Hans Dahme von 1906. Wir biegen nun links davon in die **Talgartenstraße** ein und kommen nach wenigen Metern zu einem Wohnhaus (Nr. 2) mit einem schön verzierten Jugendstil-Erker. Das Stadtbild wird hier, wie auch in der **Schützenstraße**, in die wir nach links einbiegen, von vielen prächtigen gründerzeitlichen Altbauten geprägt. Origineller Fassadendekor mit Elementen der Neogotik und Neorenaissance, dekorative Erker, Türmchen und zierliche Gartenzäune stehen in hartem Kontrast zur funktionalen Wohnwelt der Nachkriegszeit, der wir ebenfalls auf unserer Tour begegnen.

Paradies

Das Paradies ist heute ein mit mehrstöckigen Stadthäusern bebautes Wohnquartier im Westen der Konstanzer Altstadt. Seine Ursprünge hat es im Mittelalter, als Fischer und Bauern entlang des Rheinufers in einem ärmlichen Flecken namens Eggehusen siedelten. Seinen heutigen Namen erhielt das Paradies durch ein im 12. Jahrhundert gegründetes Klarissenkloster mit dem Namen »claustrum Paradysi apud Constantiam«. Bereits 1253 verließen die Nonnen ihr schutzlos vor den Mauern der Stadt gelegenes Kloster wieder und zogen in die Schaffhauser Gegend. Die schöne Bezeichnung Paradies jedoch blieb. Auf dem Gelände des heutigen Humboldt-Gymnasiums stand 1142 ein von irisch-schottischen Mönchen am Jakobsweg gegründetes sogenanntes Schottenkloster. Die Stadtväter wählten daraufhin das Gelände des heutigen Schul-

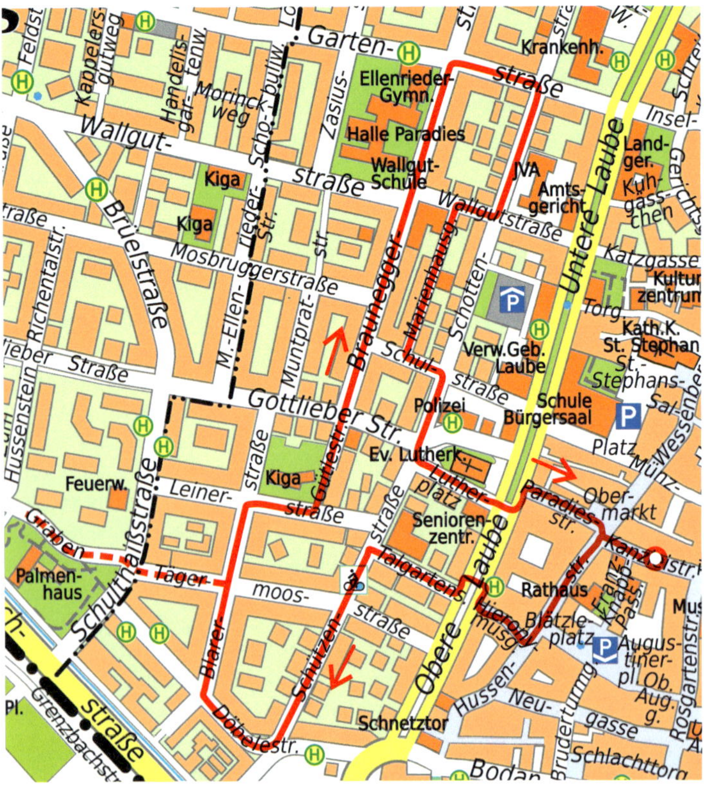

■ **Heiß begehrt: Altbauwohnungen im Paradies.**

hofes als Stadtfriedhof aus, an den noch die 1589 als Friedhofskirche erbaute »Schottenkapelle« erinnert. Das freie Gelände westlich der Altstadt diente darüber hinaus lange Zeit als Aufmarschfläche für das Militär, worauf heute noch der Name Schützenstraße hindeutet. Mit Einführung der Gewerbefreiheit im 19. Jahrhundert begann wie in vielen deutschen Städten auch in Konstanz der wirtschaftliche Aufschwung. Ab 1880 wurden durch die damaligen Oberbürgermeister Winterer und Weber mit dem Ausbau dieses neuen Stadtteils begonnen. Die grenznahe Lage bremste jedoch den industriellen Aufschwung und bis zum Ersten Weltkrieg entstanden nur einige der geplanten Straßenzüge. Nach dem Ersten Weltkrieg passierte einige Jahre nichts und erst ab Mitte der 1920er-Jahre und vor allem nach dem Zweiten Weltkrieg wurden viele der Baulücken geschlossen. Aus dem 1906 gegründeten »Technikum Konstanz« beim Seerhein entstand ab 1970 die Hochschule Konstanz für Technik, Wirtschaft und Gestaltung (HTWG) mit mehreren großen Studentenwohnheimen. Das Paradies mit seinen großzügigen Altbauwohnungen ist heute vor allem bei Studierenden und jungen Familien ein begehrtes Pflaster.

In der **Döbelestraße** halten wir uns rechts und passieren weitere hübsche Altbauten. An einigen Häusern, wie etwa der Nr. 7 und am gegenüberliegenden Haus Nr. 24, sind deutlich die Übergänge vom Historismus zum Jugendstil erkennbar. In der **Blarerstraße** mit vielen weiteren eleganten Stadthäusern halten wir uns wiederum rechts. Das Haus Nr. 46 fällt durch einen aufwendig gestalteten Neorenaissance-Erker

■ **Großstädtisches Wohnquartier mit Charme: Brauneggerstraße.**

auf. Das 1906 durch Georg Doerper erbaute Eckhaus Nr. 32 ist ein besonderes Beispiel des Jugendstils in Konstanz. Hier wurde versucht, den vom Wiener Werkbund vorgeschlagenen Weg zur Entwicklung einer auch für weniger begüterte Bauherren bezahlbaren Fassadengestaltung umzusetzen. Statt großflächiger Steinreliefs dominieren nun einzelne an markanten Stellen angebrachte Plastiken. Es handelt sich hier um ernst dreinblickende bärtige Gesichter, die an alpenländische Masken erinnern. Der imposante Eckturm wird durch einen eigentümlich wellenförmigen Fries unterhalb des Dachansatzes stilistisch strukturiert. Die Dachhaube selbst prägen neobarocke Elemente. Das ganze Gebäude strahlt eine vornehme Zurückhaltung aus und lässt bereits eine Entwicklung zu mehr Funktionalität erahnen.

An der Kreuzung mit der Tägermoosstraße besteht die Möglichkeit eines Abstechers zum Palmenhaus und zum Hussenstein. Man geht in der Tägermoosstraße nach links und folgt am Ende der Straße den Schildern zum Hussenstein. An der Kreuzung der Straße Alten Graben mit der Straße Zum Hussenstein steht auf der linken Seite in einer kleinen Grünanlage das 1923 erbaute Palmenhaus mit dem BUND-Umweltzentrum im Gärtnerhaus.

Schräg gegenüber liegt auf einem kleinen Platz zwischen Bäumen der Hussenstein in der Nähe der einstigen Richtstätte. Der eiszeitliche Findling erinnert seit 1862 an die Hinrichtung des tschechischen Reformators Jan Hus, der 1415 hier mitsamt seinen reformatorischen Schriften verbrannt wurde, sowie an seinen Mitstreiter Hieronymus von Prag, den dasselbe grausame Schicksal ein Jahr später ereilte. Nach seinem Todesurteil soll Hus gesagt haben: »Heute bratet ihr eine Gans, aber aus der Asche wird ein Schwan entstehen« (»Husa« bedeutet tschechisch »Gans«). Später wird der Reformator Martin Luther oft mit einem Schwan abgebildet, was darauf hindeuten soll, dass Jan Hus Luthers Vorläufer war.

Wir gehen nun die Blarerstraße bis zur **Leinerstraße** weiter, halten uns rechts und folgen an der nächsten Kreuzung der **Gütlestraße** nach links. Der Platz mit dem Kinderhaus »Paradies« strahlt großstädtisches Flair aus, und man wähnt sich fast in Berlin. Nach kurzer Zeit gelangen wir in die **Brauneggerstraße** mit weiteren imposanten Wohnhäusern im typisch gründerzeitlichen Stilmix aus allen Epochen. Wir spazieren östlich an der ehemaligen Mädchenvolksschule, der heutigen Wallgutschule, vorbei und gelangen zum Ellenrieder-Gymnasium, das 1911 als Friedrich-Luisen-Schule für höhere Töchter gebaut wurde. Sehr hübsch ist der vordere Treppenaufgang mit dem Jugendstil-Erker und dem kunstvoll geschmiedeten Spiralgitter, das wie ein filigraner Spitzenvorhang über der Vorhalle herabhängt.

In der **Gartenstraße** halten wir uns rechts und biegen anschließend wiederum rechts in die **Schottenstraße** ein. Gegenüber der Justizvollzugsanstalt sehen wir das unscheinbare Wohnhaus (Nr. 37) des Pfarrers Johann Martin Schleyer (1831–1912), dem Erfinder der »Weltsprache Volapük«.

Volapük

Schleyer kreierte eine Sprache aus den sechs europäischen Hauptkultursprachen (Deutsch, Englisch, Französisch, Italienisch, Spanisch, Russisch), die er zuerst »Völkerdolmetsch« nannte. Weil aber eine gemeinsame Verständigung unter den verschiedenen Völkern eine gemeinsame Schreibung voraussetzt, versuchte es Schleyer zunächst mit der Aufstellung eines »Welt-

■ **Treppenaufgang am Ellenrieder-Gymnasium.**

■ **Oben: Großstädtische Häuser in der Schulstraße. Unten: Jugendstil-Träumereien am Kramerhaus.**

alphabets«, das er 1878 in seinem »Entwurf einer Weltsprache und Weltgrammatik für die Gebildeten aller Völker der Erde« der Öffentlichkeit vorstellte. Im Jahr 1880 erschien das erste Wörterbuch. Die neue Weltsprache nannte er »Volapük«, gebildet aus den englischen Wörtern »world« und »speak«. Ein Jahr später ließ Schleyer zum ersten Mal sein »Weltspracheblatt Volapükabled« erscheinen. Die Losung war »Eine Menschheit – eine Sprache – Menade Bal – Püki Bal«. Anfangs war die Sprache erfolgreich. Es bildeten sich Volapük-Weltsprachgesellschaften in Europa, Nord- und Südamerika, sogar in China und Japan. 1888 gab es immerhin 885 diplomierte Volapük-Lehrer, 190 Oberlehrer (löpitidel), 50 Professoren (plofed). Das Volapük soll über 100 000 Anhänger gehabt haben. Es ist jedoch unklar, ob diese die Sprache wirklich beherrschten. Das französische Blatt »Le Temps« schrieb am 16. Januar 1887: »Wenn jemals eine universelle Sprache eine Chance hatte, sich in der Wirtschaftswelt durchzusetzen, dann ist es diese.« Zur selben Zeit erwähnte der britische Philologe Alexander Ellis in seinen Schriften ein Chicagoer Mädchen namens Corinne Cohn, das ganz mit Volapük aufwuchs. Da das Volapük jedoch nur schwer erlernbar war, kam es bald aus der Mode und wurde durch das einfachere Esperanto verdrängt.

An der nächsten Möglichkeit biegen wir nach rechts in die **Wallgutstraße** und gehen anschließend durch die beschauliche **Marienhausgasse** mit kleineren Wohnhäusern, ehemaligen Handwerksbetrieben und hübschen Hinterhofgärten.

Hier lohnt sich ein kurzer Blick nach rechts auf das herrliche gründerzeitliche Ensemble der Häuser Nr. 12 und 14. Wir biegen in die **Schulstraße** links ein und erreichen an der Kreuzung mit der **Schottenstraße** das wohl außergewöhnlichste Jugendstilwohnhaus im Paradies, das Kramerhaus. Das exzentrische Wohnprojekt des Konstanzer Jugendstil-Architekten Hans Dahme bot 1906 Gesprächsstoff für das ganze Stadtviertel, wo man ansonsten lieber auf altbewährte Stilelemente der deutschen Architekturgeschichte vertraute. Jugendstilhäuser waren die Ausnahme, und solch ein kurioser Figurendekor stieß in vielen plüschig-biederen Wohnstuben auf Befremden. Den Eckturm versah Dahme mit einem doppelt geschwungenen Turmdach, das auf einer geflochtenen Frieskonsole mit zähnefletschenden Fratzen ruht.

Der mit einem Adler und dem Namen des Hauses bekrönte Straßengiebel wird von zwei drachengesichtigen Wesen mit offenen Mäulern flankiert, welche Wasserspeier imitieren. Der Stützpfeiler des mit Kastanienblättern und -blüten dekorierten Erkers birgt ein weiteres beliebtes Motiv des Jugendstils: Aus einem Gebinde von Sonnenblumen blickt ein freundliches Frauenantlitz mit wallenden langen Haaren

Leckerbissen für Freunde des Jugendstils: das Kramerhaus.

Misstrauisch: Hausgnom im Paradies.

heraus. Dabei gehen Haare und Blätter fließend ins Mauerwerk der Stützkonsole über.

Von hier aus geht es in der Schottenstraße ein kurzes Stück nach rechts. In der **Gottlieber Straße** spazieren wir nach links zum **Lutherplatz** mit der 1873 fertiggestellten neoromanischen Lutherkirche. Sie ist eine der ersten evangelischen Kirchen in Konstanz, seit die katholische Kirche in der Gegenreformation ihre »verloren gegangenen Schäfchen« wieder unter ihre Obhut genommen hat. Wir queren wieder die **Laube** und gelangen in die hübsche **Paradiesstraße** mit einigen hochmittelalterlichen Wohngebäuden. Der linke Straßeneingang wird vom Staffelgiebelhaus »Zur vorderen Haue« beherrscht. Im Gastraum des dortigen Lokals kann ein originales Wandbild von 1520 mit der Darstellung einer Landsknechthochzeit bewundert werden. Im wahrsten Sinne des Wortes beeindruckend ist der stark eingedellte obere Teil der Fassade des Hauses »Zum hinteren Merz« (Nr. 4) ein paar Schritte weiter stadteinwärts. Man könnte meinen, das Haus von 1368 sei akut einsturzgefährdet, aber die geraden Fensterlaibungen aus dem Mittelalter lassen erkennen, dass diese krumme Wand schon aus der Erbauungszeit stammen muss und bereits beim Fenstereinbau ein Ausgleich geschaffen wurde. Nach Überquerung der Hussenstraße erreichen wir wieder unseren Ausgangspunkt in der Kanzleistraße.

TOUR 5 VILLEN, PROMENADEN, STRANDIDYLLE

Spaziergang entlang der Konstanzer Bucht zum Lorettowald

Tourbeginn und -ende: *Stadtgarten*

Bushaltestelle: *Konzilstraße und Konzilstraße/Theater, fast alle Linien*

Tourenlänge: *7,5 km*

Höhenunterschiede: *45 m*

Einkehrmöglichkeiten: *Gastronomie am Stadtgarten und in der Seestraße, Restaurant Seelig (Therme), Café Restaurant Hörnle (Strandbad)*

Dieser exquisite Rundgang beginnt am Stadtgarten nördlich des Konstanzer Hafens. Die städtische Parkanlage entstand ab 1863, als man die Schuttmassen der für die neue Bahnstrecke abgebrochenen Stadtbefestigung hier im See versenkte. 1879 wurde der frisch bepflanzte Park mitsamt dem Gondelhafen feierlich an Bürgerschaft und Urlauber übergeben. Wir durchqueren den Park in Richtung Norden und erreichen über den Susosteig, vorbei am ehemaligen Inselkloster (siehe Tour 1), die Rheinbrü-

■ **Mondäne Seestraße.**

cke, die uns über den Seerhein führt. Auf der gegenüberliegenden Uferseite kommen wir zu einer der schönsten Uferpromenaden Deutschlands. Wir spazieren rechts runter zur **Seestraße** und schlendern entlang der mondänen Stadthäuser in östlicher Richtung. Mit dieser Prachtstraße wollten die Stadtväter Konstanz in ein zweites Luzern verwandeln. Begonnen wurde das Seestraßen-Ensemble mit dem 1902 erbauten ehemaligen »See-Hotel«, welches als luxuriöser Grand-Hotel-Bau mit elegantem Eckturm heraussticht.

Von der Promenade aus hat man einen zauberhaften Blick auf den See, die fantasievoll gestalteten Jugendstil- und Gründerzeitfassaden der Uferbebauung, die gegenüberliegende Altstadt mit ihren Türmen, Giebeln und alten Ziegeldächern sowie auf den Hafenbereich mit »Imperia« und Leuchtturm. Wellen klatschen beruhigend an die Ufermauer, und bei Sonnenschein funkelt die unruhige Wasserfläche wie ein gleißendes Meer. An klaren Tagen wird die muntere Glitzerwelt noch durch das gewaltige Alpenpanorama der Schweizer Berge im Hintergrund gekrönt.

Wir spazieren die Seestraße weiter und kommen an größeren Gärten und eleganten Strandvillen vorbei. Einige stammen aus der Zeit um 1900, viele sind auch neueren Datums. Ein Teil der Häuser – wie etwa die Casino-Villa – wurden in ge-

■ **Altstadtblick von der Uferpromenade.**

hobene Gastronomiebetriebe umgewandelt, andere – wie die charmante Villa Barleben aus dem Jahr 1872 – wurden Hotels. Besonders eindrucksvoll ist die Jugendstilbemalung der Villa Prym.

Villa Prym

Bereits um 1860 erbaut, wurde die Gründerzeitvilla 1912 durch ihren neuen Eigentümer, den Kurzwarenfabrikanten und Entwickler des Kronenfeder-Druckknopfes Gustav

Prym, im Jugendstil umgemodelt. Der Künstler wirft dabei alle perspektivischen und plastischen Maltechniken über Bord und lässt seine Jagdgesellschaft in der typischen Manier des neuen Stils parallel zur Wandebene reiten. Dabei bilden die Beine der Menschen und Tiere einen rhythmisch gestalteten Fries. In der Bildmitte, über der Hubertuslegende, fällt ein berittenes Paar mit individuellen Gesichtszügen auf. Es handelt sich um Pryms Tochter Louise und um seinen Schwiegersohn Wilhelm von Goedecke. Die im Tympanon kniende Göttin Diana als Amazone zwischen zwei stilisiert dargestellten Blumengefäßen ist ein besonders gelungenes Werk des Jugendstils.

Die **Seestraße** mündet nun in den schmaleren **Seeuferweg**, der im letzten Abschnitt zum **Wendelgardweg** wird. Bei schönem Sommerwetter bietet sich an vielen Stellen die Möglichkeit, am noch weitgehend natürlichen Ufer zwischen Schilf und Bäumen ein erfrischendes Bad zu nehmen. Nach einiger Zeit kommen wir an einem idyllischen, über dem Wasser gelegenen Torkelgebäude aus dem 17. Jahrhundert vorbei, das 1996 durch einen interessant gestalteten »Scheibenhausanbau« des Frankfurter Architekten Christoph Mäckler erweitert wurde. Torkeln waren Gebäude mit Most- oder Weinpressen, die einen Kelterbaum besaßen. Da die Alemannen das Baumkeltern direkt von den Römern übernahmen, verwendeten sie auch deren Vokabular (lat. »torculum« für Presse).

■ **Extravagant: Jugendstilmalereien an der Villa Prym.**

Wir spazieren weiter. Nachdem die Bagger das in die Jahre gekommene Mineralbad Jakob, »'s Jaköble«, im Jahr 2006 eingeebnet hatten, entstand an gleicher Stelle die Bodensee-Therme als moderner Wellnesstempel mit Saunalandschaft und Freibadbereich.

Der Westflügel weist wie ein Schiffsbug kühn in Richtung Bodensee und bildet gleichzeitig die Überdachung des modern gestalteten Thermen-Restaurants. Das einige Schritte weiter stadtauswärts gelegene Schloss Seeheim vermittelt ein völlig anderes Bild. Fast märchenartig verträumt liegt es an einem kleinen Weiher unweit der Uferpromenade. Der jetzige Bau mit einem Restaurant entstand um 1890 auf den Funda-

Oben: Abendstimmung am Seeufer.
Unten: Modern und behaglich – Bodensee-Therme.

menten eines wesentlich älteren Vorgängerbaus und lag ursprünglich direkt am Seeufer. Ab 1924 war es Wohnsitz des Schriftstellers und Lyrikers Wilhelm von Scholz, dessen Werke aus der Zeit des Nationalsozialismus heute allerdings recht umstritten sind. Der Ausbau des Uferwegs zum Strandbad Horn in den 1970er-Jahren verwandelte die bisherige Seebucht zum Karpfenteich, der dem Anwesen seither aber etwas Verwunschenes verleiht.

Gleich dahinter beginnt das Strandbad Horn »Hörnle« mit seinen ausgedehnten Liegewiesen und schönen Stränden. Wir halten uns vor dem Badeingang links und gelangen über Treppenaufgänge hoch zur **Eichhornstraße**, die wir beim Hotel-Restaurant »Nicolai-Torkel« überqueren. Dann spazieren wir nach links. Beim Hotel-Restaurant »Waldhaus Jakob«, einer weiteren Einkehrmöglichkeit mit schönem Biergarten, wandern wir nach rechts in die **Jakobstraße**. Wir folgen ihr kurz, bis uns linker Hand ein asphaltierter Weg in den im Sommer angenehm kühlen Lorettowald führt. Wir befinden uns jetzt auf der **Fontainebleau-Allee**, die kerzengerade durch das kleine Naturparadies mit schönen alten Buchen und Eichen führt. Auf der anderen Seite des Waldes erblicken wir auf der linken Seite ein barockes Gartenhaus mit teilweise etwas verblichenen Fassadenmalereien. Das unerwartete Kleinod, über dessen Eingang sich das Bild der gekrönten Madonna mit dem Jesuskind bis in unsere Zeit erhalten hat, ist eines der wenigen historischen Gebäude in diesem Bezirk. Wir schlendern die ruhige **Beethovenstraße** in Verlängerung der Fontainebleau-Allee einige Schritte weiter, bis rechts die steinerne Friedrichsbank von 1907 erscheint. Gegenüber, vor Haus Nr. 32, führt uns nun ein Fußweg zur

■ **Schloss Seeheim.**

Italienische Impressionen in der Altmannstraße.

Richard-Wagner-Straße hinunter. Wir folgen dem Fußweg bis zur **Schubertstraße**, in die wir nach rechts einbiegen. Sie führt durch ein schönes Wohngebiet mit älteren und neueren Häusern. Im Frühling verwandeln sich die großen alten Gärten mit unzähligen Primeln, Tulpen und Narzissen in wahre Farbenmeere. Dieses grüne Wohnparadies ist ein begehrtes Pflaster für junge Familien mit dem allerdings nötigen Kleingeld. Die ältesten Bauten dieser Straße wie etwa die Häuser Nr. 12, 8 und 4 stammen noch aus dem ersten Viertel des letzten Jahrhunderts. An der Kreuzung mit der **Hebelstraße** halten wir uns links und kommen an weiteren schönen Wohnhäusern und Gärten vorbei. Nach der Überquerung der Eichhornstraße erreichen wir die **Neuhauser Straße** mit einem reizenden Jugendstil-Häuserensemble von 1902. Wir wandern nach rechts. Die Domizile in den gepflegten Gartenanlagen sind mal romantisch verspielt mit Jugendstil- und Gründerzeitdekor, dann wieder modern mit viel Glas und Marmor oder einfach nur nüchtern aus den 70er-Jahren. Nach dem oberhalb liegenden wilhelminischen Prachtbau des Heinrich-Suso-Gymnasiums geht es vor einer im italienischen Palazzostil gebauten Villa von 1869 nach links.

Wir spazieren durch die gehobene **Altmannstraße** und den **Luziengang** weiter und erreichen bei der Casino-Villa wieder die **Seestraße**. Von hier gelangen wir wieder über die Rheinbrücke und den Susosteig zum Ausgangspunkt, dem Stadtgarten.

TOUR 6 RHEINTOR, MINARETT UND BISMARCKTURM

Rundwanderung durch Petershausen und Königsbau

Tourbeginn und -ende: *Kreuzung Konzilstraße/Rheinsteig, Ende Rheinbrücke*

Bushaltestellen: *Konzilstraße und Konzilstraße/Theater, fast alle Linien*

Tourenlänge: *7,5 km*

Höhenunterschiede: *60 m*

■ **Glasklare Lebensader in der Stadt: der Seerhein.**

Einkehrmöglichkeiten: *Gastronomie an der Promenade Am Rheinufer und in der Seestraße, Restaurant Meera in der Friedrichstraße*

Diese charmante Tour beginnt am südlichen Ende der Rheinbrücke, nördlich vom Inselhotel. Am Beginn der Brücke folgen wir dem Treppenabgang auf der rechten Seite, der uns unter der Konzilstraße hindurch zum **Rheinsteig** führt. Wir kommen zunächst am imposanten Rheintorturm vorüber, erbaut um das Jahr 1400 zur Bewachung der einstigen Rheinbrücke.

Rheinbrücke

Diese Brücke war der einzige Zugang in Richtung Norden. Durch den großen gotischen Torbogen strömten jahrhundertelang Bewohner, Händler, Bettler, Pilger, Ritter und selbst Könige, Kaiser und der Papst kamen hier durch. Anfänglich brachte eine Fähre die Reisenden ans andere Ufer; um das Jahr 1200

Einst Offizierskasino, heute »Constanzer Wirtshaus«.

ist der Bau einer hölzernen Jochbrücke dokumentiert. 1544 wurde diese Brücke durch eine überdachte Holzkonstruktion ersetzt, die man ebenso wie den Vorgängerbau auf Pfahljochen gründete. Auf beiden Uferseiten schlossen sich steinerne Gewölbebrücken und Zugbrücken an. In das Brückenbauwerk integrierte man mehrere Mühlen, die die Strömung des Seerheins nutzten. Immer wieder gab es Brände auf der Brücke. Nach dem letzten Flammeninferno 1856 wurde auf einen Wiederaufbau verzichtet, weil man inzwischen erkannte, dass die vielen Pfähle immer wieder zu extremen Hochwasserständen im Obersee führten. So entstand 1860 etwas flussaufwärts die neue Rheinbrücke mit großen Brückenfiguren, die gleichzeitig Platz für die neue Eisenbahnverbindung bot. Ab 1938 wurde das Bauwerk aufgrund des wachsenden Autoverkehrs mehrmals verbreitert. Dabei versetzte man die Brückenfiguren – die Bischöfe Konrad und Gebhard, Herzog Berthold von Zähringen und Großherzog Leopold – auf die Ufermauer entlang des Rheinsteigs.

Wir bleiben trotz des Verkehrs dem Rheinsteig treu und erreichen nach kurzer Zeit den wesentlich kleineren Pulverturm, in dem heute eine Narrenzunft ihren Sitz hat. Der früher als Ziegel- oder auch Judenturm bezeichnete Bau mit über zwei Meter dicken Mauern entstand bereits 1321. Seinen ursprünglichen Namen erhielt er zum einen von einer einstigen Ziegelhütte und zum anderen durch den traurigen Umstand, dass im Mittelalter öfter Juden zur Schutzgeld-Erpressung im Turm eingekerkert wurden. Das jetzige Dach erhielt der Turm um 1468, die vier Schießscharten brach man um 1525 durch die dicken Wände. Später diente das Bollwerk als Pulvermagazin der Habs-

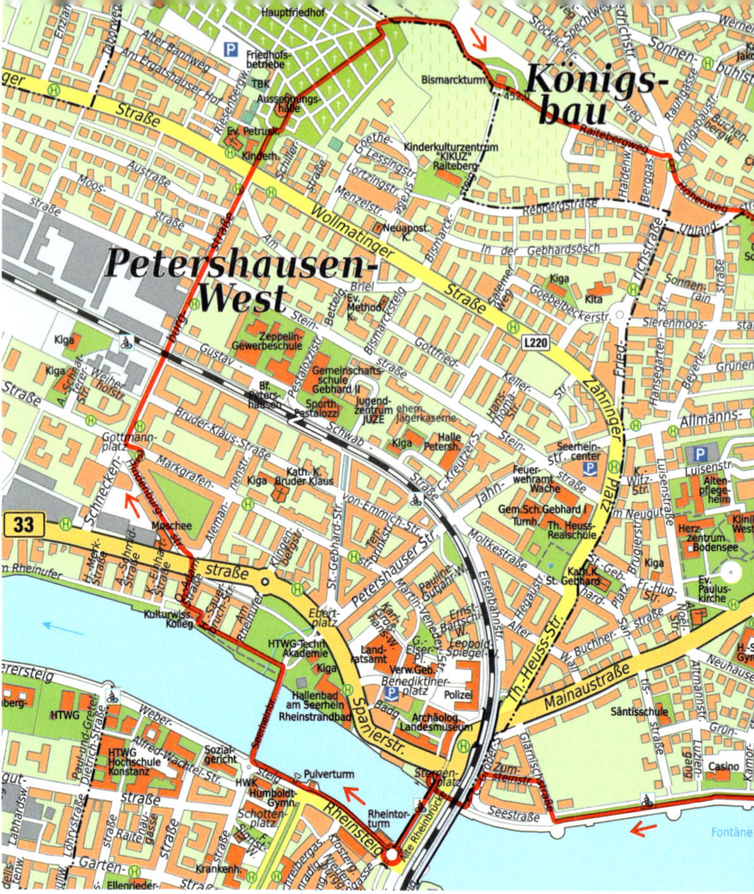

burger, was ihm wohl auch seinen jetzigen Namen einbrachte. Wir gehen weiter und gelangen nach kurzer Zeit in den weniger befahrenen **Webersteig**. Auf der linken Seite steht seit 1914 das Gebäude der Handwerkskammer. Mit dem schlossartigen Bau und den beiden überlebensgroßen Handwerkerfiguren aus Stein demonstrierte die Innung im Kaiserreich ihr großes Selbstbewusstsein. Dahinter steht ein weiteres prachtvolles wilhelminisches Relikt, das 1908 erbaute Humboldt-Gymnasium. Am gegenüberliegenden Rheinufer thront allseits gut sichtbar das ehemalige Offizierskasino aus der Kaiserzeit. Das Haus der früheren Garnison in Petershausen beherbergt seit vielen Jahren einen gastronomischen Betrieb.

Vom Webersteig gelangen wir über die **Fahrradbrücke** auf die

andere Seite des Seerheins. An heißen Sommertagen herrscht auf, unter und rund um die Brücke ein munteres Treiben. Oben Fußgänger und Radfahrer und auf dem türkisblauen Wasser kleinere Boote und Motorjachten. Im Wasser und auf den Liegewiesen am Herosé-Park – der Name stammt von einer ehemaligen Textilfabrik namens Herosé, die sich hier früher befand – tummeln sich Scharen von Badegästen, und immer wieder dient dieser Radlersteg auch als Sprungturm.

So schön blau und rein wie hier ist der Rhein auf seinem weiteren Verlauf bis zur Nordsee später nicht mehr. Wir spazieren nun links über die neu gestaltete Promenade **Am Rheinufer** flussabwärts. Auf einem alten Fabrik-Areal entstand in den letzten Jahren in bester Wohnlage eine neue Uferbebauung für Büros, schicke Wohnungen und Lokale. Nach dem einzigen älteren Wohngebäude biegen wir nach rechts in die **Otto-Adam-Straße** und überqueren nach einigen Schritten, rechts der Moschee, die viel befahrene Reichenaustraße. Die 2009 mit einem 35 Meter hohen Minarett erbaute Mevlana Moschee bietet Platz für mehrere Tausend Gläubige. Nun geht es durch die **Hindenburgstraße** entlang des »Hindenburgblocks« aus den 1920er-Jahren weiter bis zum **Gottmannplatz**. Die heute in »Petershauser Park« umbenannte ehemalige Arbeiterwohnanlage wurde in den letzten Jahren aufwendig renoviert. Einzelne naturalistische Fassadenmalereien und Steinmetzarbeiten erinnern noch an den Kunstgeschmack seiner Erbauer.

Vom Gottmannplatz geht es schräg rechts weiter in die **Schneckenburgstraße**. Wir blicken auf etwas heruntergekommene Mietshäuser aus der Kaiserzeit, die neben Wohnblöcken aus den letzten Jahrzehnten das alte Arbeiterquartier zwischen Fabriken, Bahngleisen

■ **Oben: Blick über den Seerhein zum »Konstanzer Trichter«. Unten: Wichtige Verbindung: die Fahrradbrücke.**

und Rhein prägen. Weiter geht's an den traditionsreichen Rieter-Werken vorbei, in deren Hallen von 1874 bis 2009 Maschinen und Anlagen für die keramische Industrie hergestellt wurden. Die denkmalgeschützten Hallen beherbergen heute eine Kirche, Büros, Yogaräume, Gastronomiebetriebe und die Classic-Garage Bodensee. Letzteres ist ein beliebter Treffpunkt für Liebhaber von Oldtimern. Am oberen Ende der Straße springt ein auffälliger Rundbau förmlich ins Auge. Sowohl durch seine Form als auch durch die aufwendigen Steinmetzarbeiten fällt das Gebäude zwischen den einfachen Arbeiterhäusern ganz aus dem Rahmen. Kommt man näher, entpuppt sich das vermeintliche »Schlössle« als die 1912–1918 erbaute Aussegnungshalle des Neuen Stadtfriedhofs, der im 19. Jahrhundert den alten Begräbnisplatz in der Schottenstraße abgelöst hatte. Das hübsche Werk des späten Jugendstils brachte einige Stadtväter und vor allem geistliche Würdenträger beträchtlich in Wallung. Stand das angegliederte und durch eine private Initiative finanzierte Krematorium doch im strikten Widerspruch zum katholischen Einäscherungsverbot.

Wir gehen an dem imposanten Kuppelbau mit den halbrunden Säulenumgängen rechts vorbei und gelangen in den parkähnlichen Stadtfriedhof mit vielen noch erhaltenen prächtigen Grabmälern. Schauen wir nach rechts, erblicken wir den durch eine Hecke abgetrennten neuen und alten jüdischen Friedhof mit vielen Zeugnissen der vergangenen und wiedererstandenen jüdischen Kultur in Konstanz. Er kann durch ein in der Regel offenes Tor betreten werden. Männer werden gebeten, beim Besuch eine Kopfbedeckung zu tragen.

Wir beschreiten nun den Hauptweg auf der Rückseite der Friedhofshalle und gelangen am oberen Ende über den nördlichen Ausgang auf einen Fußweg, der uns nach rechts weiter bergauf führt. Über einen aussichtsreichen Weg oberhalb eines Weinbergs erreichen wir bald den 452 Meter hohen Raiteberg mit dem eindrucksvollen Bismarckturm. Der Turm kann bestiegen werden, aber wir haben

Links: Stadtfriedhof – jüdischer Teil. Rechts: Stadtfriedhof – Eingang zum jüdischen Teil.

■ **Oben: Stein des Anstoßes: Aussegnungshalle mit Krematorium. Unten: Der Bismarckturm.**

auch so einen herrlichen Rundblick über die Stadt, den See und, an klaren Tagen, die Schweizer Alpen im Hintergrund.

Bismarckturm: eigenwilliges Zeugnis des späten Jugendstils

Der vom Textilfabrikanten Gustav Prym in Auftrag gegebene Turmbau ist ein eindrucksvolles Beispiel des späten Jugendstils. Das 22,8 Meter hohe Bauwerk – er ist übrigens der höchste Bismarckturm in Baden-Württemberg – entstand 1911/12 nach Plänen von Georg Wickop und wurde mittels Spenden finanziert. Das Eingangsportal wird durch vier zylindrische Säulen betont, welche eine dreieckige Giebelplatte mit der Inschrift »BISMARCK« trägt. In der Eingangshalle steht in einer halbrunden Apsis die vom Münchner Bildhauer Karl Killer geschaffene Bronzebüste Bismarcks. Dahinter liest man den in einem Goldmosaik eingearbeiteten Aischylos-Ausspruch »Was soll ich fürchten, dem zu sterben nicht bestimmt ist«. Über 106 Steinstufen gelangt man zur obersten Aussichtsplattform in der fünften Etage. Den Abschluss bildet oben die Feuerschale mit einem Durchmesser von 1,80 Metern, die bis 1944 an bestimmten Tagen (zum Beispiel Bismarcks Geburtstag am 1. April) befeuert wurde. Erster offizieller Besucher war übrigens Ferdinand Graf von Zeppelin, neben Prym einer der Hauptsponsoren des Turmbaus.

Ausblick vom Höhenweg.

Wir spazieren den herrlichen Aussichtsweg weiter, erreichen über den **Raitebergweg** die **Friedrichstraße** und überqueren sie. Nun gehen wir nach rechts und folgen dem lauschigen **Höhenweg**. Er führt uns erst an charmanten Wohnhäuschen, dann an zwei schmucken Jugendstilvillen mit Türmchen vorbei, und wir erreichen die Weinberge.

In der Straße **Zur Friedrichshöhe** halten wir uns rechts und wandern das feine Halbhöhenviertel bergab. Weiter unten biegen wir nach links in die **Deutschordenshalde**. Hübsche Häuschen aus den 1920er- und 1930er-Jahren mit großen Gärten begleiten uns bis in die **Harder Gasse**, der wir nach rechts bis zur **Mainaustraße** folgen. Auf der anderen Straßenseite sehen wir schräg rechts ein älteres Gebäude. Hinter der schmucken Wirtshausfassade versteckt sich das alte Siechen- und Leprazentrum Tannenhof. Um das Jahr 1500 erbaut, fristeten hier Schwerstkranke und Arme der Stadt bis zum Tod ihr Dasein. Der Standort war mit Bedacht gewählt: weit außerhalb der Stadt, um Ansteckung zu vermeiden, und doch an dem von Meersburg herführenden Handelsweg, damit sich die Aussätzigen zu ihrem eigenen Gemüseanbau noch ein paar Groschen von den Vorbeiziehenden

Meisterwerke des Art déco: Hausfassaden und Turmhelm in der Conrad-Gröber-Straße.

erbetteln konnten. 1586 wurde es großzügig umgebaut und 1855 zum Wirtshaus gemacht. Nach Überquerung der Mainaustraße gelangen wir in die Straße **Am Tannenhof**, die durch ein interessantes Neubauquartier führt. Naturbelassene Holzverkleidungen mit viel Glas prägen das Bild. Ab 2002 entstanden hier durch Baugemeinschaften 24 mit Holz verkleidete Wohneinheiten in Passivbauweise.

Im **Salesianerweg** halten wir uns rechts und spazieren eine kurze Strecke am Lorettowald entlang. Am katholischen Jugendheim Don Bosco links vorbei biegen wir nach etwa 150 Metern rechts in die **Händelstraße** ein. Die ruhige Wohnstraße führt uns bergab bis zur **Beethovenstraße**, in die wir nach rechts einbiegen. Wir kommen durch ein gutbürgerliches Wohnviertel mit schicken Villen in gepflegten Gärten. Es gibt keine außergewöhnlichen Highlights, aber das Viertel geizt nicht mit Schönheit und Besonderem, wobei man sich über Geschmack bekanntlich streiten kann. An der Kreuzung mit der **Haydnstraße** halten wir uns kurz links und gelangen an der nächsten Abzweigung über die mondäne **Alpenstraße** nach unten zur **Seestraße**. Hier spazieren wir nach rechts und gehen an attraktiven Strandvillen und gehobenen Hotels entlang bis zur **Glärnischstraße**, in die wir nach rund 400 Metern einbiegen.

An der **Zumsteinstraße** halten wir uns gleich wieder links in die **Conrad-Gröber-Straße** und steigen den Straßendamm rechts hoch zum Fußweg auf die Rheinbrücke. Von hier oben hat man einen schönen Blick auf das Jugendstilgebäude Conrad-Gröber-Straße 6. Es wurde 1907 von dem Architekten Hans Dahme als Schlussakzent für das Seestraßen-Ensemble mit interessantem Mix aus Jugendstil und

Neogotik entworfen, die besonders im Turmbereich eine unerwartet gelungene Symbiose eingeht. Der fantasievoll geschwungene Turmhelm aus Metall mit seinen seitlichen »Zwergenkappen« und metallenem Rankwerk ist eine architektonische und handwerkliche Meisterleistung. Auf der anderen Seite des Damms und der viel befahrenen Mainaustraße sehen wir die barocken Konventgebäude des ehemaligen Benediktinerklosters Petershausen, die sich heute in einer »Insellage« zwischen den Hauptverkehrsstraßen und der Bahnlinie befinden. Das Kloster wurde 1802 säkularisiert und die Klosterkirche 1832 abgebrochen. Ein Teil der Gebäude beherbergt heute das Archäologische Landesmuseum. Wer die barocken Gebäude und das Museum besichtigen möchte, muss wieder zur Seestraße am Ufer absteigen und dann dem ausgeschilderten Fuß- und Radweg folgen. Ansonsten kommen wir über die Rheinbrücke und den **Susosteig** wieder zum Ausgangspunkt am Südufer des Seerheins zurück.

Passivhäuser am Tannenhof mit dem Turm der Maria-Hilf-Kirche.

TOUR 7 **FISCHER, PILGER, DRACHENFLUG**

Aussichtsrunde um Staad und die Allmannshöhe

Tourbeginn und -ende: *William-Graf-Platz*

Bushaltestelle: *Staad/Fähre Linien: 1 und 15*

Tourenlänge: *5,5 km*

Höhenunterschiede: *70 m*

Einkehrmöglichkeiten: *Gastronomie in Staad*

Beginn und Ende dieser bezaubernden Rundtour ist der **William-Graf-Platz** im Stadtteil Staad. Die

Beschaulich: alte Fischhäuser in Staad.

Heiliger Hügel der Konstanzer: Betsaal der Wallfahrer.

Geschichte von Staad war von jeher eng mit der Fischerei und dem Fährbetrieb nach Meersburg verbunden. Die Staader Fährrechte lassen sich bis weit ins Mittelalter zurückverfolgen, als auch viele Jakobspilger über diesen Seearm gen Santiago pilgerten. Die Inbetriebnahme der ersten Automobilfähre von Konstanz im Jahr 1928 griff den alten Fährverlauf wieder auf und befreite Konstanz aus seiner wirtschaftlichen Randlage, in die es durch den Ersten Weltkrieg hineingeschlittert war.

Vom hübsch angelegten Platz mit seinen gemütlichen Lokalen hat man einen exzellenten Blick auf den See mit dem kleinen Jachthafen und auf das exponiert am gegenüberliegenden Seeufer gelegene Städtchen Meersburg. Vom immer wieder hektisch anschwellenden Autoverkehr nach Ankunft der Fähren bekommt man hier nichts mit. Zu gut ist der Platz durch den lang gestreckten Bau der Fährstation abgeschirmt, und man kann gemütlich den an- und ablegenden weißen Schiffen zusehen.

Wir wandern nun die **Fischerstraße** bergauf und kommen durch den kleinen Staader Dorfkern. Einige idyllische Fischerhäuschen wie Nr. 19 und 21 haben die Abrisswut der ganz auf die Moderne eingeschworenen 1970er-Jahre überstanden und lassen noch ein bisschen die alte Zeit vor der »Ankunft« des großen Touristenstroms am Bodensee erahnen.

Am oberen Ende der Fußgängerzone biegen wir links in den **Haltnauer Weg** ein, der uns an exquisiten, direkt oberhalb des Sees gelegenen Wohndomizilen vorbeiführt. Im lauschigen Hoerlepark spazieren wir den **Emanuel-von-Bodman-Weg** unten am Seeufer weiter. Alte Bäume und saftige Wiesen vermitteln den Eindruck einer vom Menschen kaum veränderten Uferlandschaft. Funde aus jüngsten archäologischen Untersuchungen ergaben jedoch, dass hier bereits in der Frühgeschichte eine große Seesiedlung aus zahlreichen Pfahlbauten bestand. Nach einer Villa mit blauen Ziegeln gehen wir noch 60 Meter weiter und folgen bei einer Parkbank, nach einer auffällig krumm gewachsenen Eiche, dem leicht geschotterten Fußweg bergauf. Weiter oben wandern wir ein kurzes Wegstück den asphaltierten **Fohrenbühlweg** und dann die **Lindauer Straße** in Richtung Westen weiter und erreichen nach dem Kreisverkehr die **Hermann-von-Vicari-Straße**, der wir ebenfalls in westlicher Richtung folgen. Die Straße grenzt direkt an das Turben-

Lorettokapelle mit Betsaal.

ried, eines der letzten Feuchtgebiete in dieser Gegend. Ursprünglich gehörte es zu einem Moorgürtel, auf dem bis 1939 Torf gestochen wurde. Heute ist es Lebensraum seltener Pflanzen und Tiere wie Laubfrosch, Teichrohrsänger oder Wasserralle. Direkt vor der Linkskurve folgen wir der **Josef-Anton-Feuchtmayer-Straße** nach rechts und kommen durch ein schmuckes, bereits zu Allmannsdorf gehörendes Wohngebiet mit hübschen Einfamilienhäusern und Gärten. In der **Peter-Thumb-Straße** halten wir uns links und biegen an der nächsten Linkskurve nach rechts in einen breiten Fußweg ein, der uns hinüber zum **Lorettosteig** führt. Wir folgen dem ansteigenden Sträßchen und erreichen bald einen beschaulichen Wiesenhügel mit der weiß getünchten Lorettokapelle.

Lorettokapelle

Nachdem Konstanz die schwedische Belagerung im Dreißigjährigen Krieg unbeschadet überstanden hatte, errichtete die Konstanzer Bürgerschaft 1637 auf dem Staader Berg eine Wallfahrtskapelle nach dem Vorbild der Wallfahrtskirche von Loreto in Italien. Dazu hatten sie sich während der Belagerung in einem gemeinsamen Gelübde verpflichtet. Das Besondere an diesem rechteckigen Kirchenbau ist sein Vorbau mit einem Altar für den offenen hölzernen Betsaal der Wallfahrer. Das ungewöhnliche Tonnengewölbe im Inneren besticht durch seinen bezaubernden Sternenhimmel. Er steht im Kontrast zu den ganz nach italienischem Vorbild aufgemalten Ziegelsteinwänden und fragmentarischen Fresken mit Szenen aus dem Marienleben. Zahlreiche

Links: Lorettokapelle – Marienaltar unter gewölbtem Sternenhimmel. Rechts: Otto-Moericke-Jugendherberge im alten Wasserturm.

Votivtafeln, die bis ins 18. Jahrhundert zurückreichen, zeugen von der Dankbarkeit der Wallfahrer. Vom Kapellenhügel mit dem Madonnenbrunnen und einem alten Bildstock von 1587, der Zeit der Gegenreformation, bietet sich bei klarem Wetter eine herrliche Sicht auf die Schweizer Alpenkette.

Von hier wandern wir den Lorettosteig in gleiche Richtung weiter. Bei Haus Nr. 48 halten wir uns am **Oberstegle** links und spazieren am »O.-K.-Plätzle« mit Wegzeigern zu allen Ecken und Enden der Erde in Richtung »Nordpol« durch den **Kapellenweg** in die **Jakobstraße**, in die wir links einbiegen. Nach rund 250 Metern verlassen wir die angekündigte 4980 Kilometer lange Wegstrecke zum (hoffentlich) ewigen Eis bereits wieder und halten uns in der **Staader Straße** wieder links. Wir überqueren die stark frequentierte Mainaustraße und kommen über die **Bettengasse** in die **Jungerhalde**, der wir rechts bergauf folgen. Hier entstand in den letzten Jahren ein neues Wohnprojekt mit metall- und holzverkleideten Mehrfamilienhäusern. Bei Haus Nr. 20 biegen wir nach rechts in die Straße **Am Schmerzenmösle** ein und erreichen das 1992 erbaute Wohnheim Jungerhalde. Die unter anderem mit dem deutschen Architekturpreis ausgezeichneten Studentenhäuser präsentieren sich als moderne Pfahlbauten aus Metall und Holz und bestechen durch ihre Formen und ihre naturnahe Lage.

An der T-Kreuzung halten wir uns rechts, und ein in der Verlängerung der Straße weiterführender Fußweg leitet uns über die Streuobstwiesen leicht bergauf in die **Sepp-Biehler-Straße** in Richtung Wasserturm. Auf der rechten Seite ragt zwischen alten Obstbäumen die hübsche Silhouette des alten Allmannsdorfer Ortszentrums mit der Kirche St. Georg und dem Rathaustürmchen hervor. Oben angekommen queren wir erneut die Mainaustraße und spazieren die Straße **Zur Allmannshöhe** weiter. Wir kommen nun durch ein gefälliges Allmannsdorfer Wohnquartier und erreichen schließlich den ehemaligen Wasserturm, der seit 1929 wie ein großer Leuchtturm auf der Allmannshöhe thront.

Bereits 1931 wurde in den unteren Stockwerken des Turms die Konstanzer Jugendherberge untergebracht, die heute nach dem ehemaligen Oberbürgermeister Otto

Moderne Pfahlbausiedlung – Wohnheim Jungerhalde.

Moericke benannt ist. Er war in den 1930er-Jahren das letzte frei gewählte Stadtoberhaupt und wurde 1933 durch die Nationalsozialisten abgesetzt. In seiner Amtszeit wurden unter anderem der Bau des Wasserturms mit der Jugendherberge und die Fährverbindung Meersburg–Konstanz beschlossen. Die modernen Erweiterungsbauten mit zwei spiegelsymmetrischen Flügeln harmonisieren architektonisch gut mit dem Turmbau, wofür allerdings das alte Pfarrhaus weichen musste. Gleich daneben liegt, zwischen Wasserturm und Sendeturm der Bundesnetzagentur, der 1841 angelegte Allmannsdorfer Friedhof, auf dem sich in der Vergangenheit aufgrund der schönen Lage Künstler, Industrielle, Adelige und bekannte Politiker beisetzen ließen. So findet man hier die letzten Ruhestätten der Grafen Douglas, des Malers Hans Sauerbruch und des Bauhaus-Architekten Hermann Blomeier ebenso wie die wegen seiner Nähe zu den Nationalsozialisten heftig diskutierte Grablege des Dichters Wilhelm von Scholz vom Schloss Seeheim. Wir gehen nun die Straße wieder einige Schritte zurück, bis wir zur Kreu-

Grüner Wohntraum im Koberleweg.

■ **Entzückend: Allmannsdorfer Rathaus.**

zung mit dem **Koberleweg** gelangen. Hier halten wir uns links.

Am Ende der Wohnstraße mit eleganten Domizilen wandern wir den anfangs geschotterten Fußweg direkt nach dem Garten des interessant gestalteten Künstlerhauses Nr. 35 nach links, und gelangen auf die satten Wiesen der luftigen Allmannshöhe. Von hier oben hat man eine herrliche Sicht auf Jugendherberge und See. Wir folgen dem Wegverlauf in einem Rechtsbogen und gelangen weiter unten in die **Ruppanerstraße**, in der wir uns rechts halten. An der nächsten Kreuzung biegen wir in der **Mainaustraße** nach links. Rechts sehen wir die Allmannsdorfer Kirche St. Georg mit ihrem eigenwilligen spätgotischen Turm.

Die Kirchenfenster stammen von dem Konstanzer Künstler Hans Breinlinger (siehe Tour 3). Daneben steht das alte Allmannsdorfer Rathaus mit seinem schmucken Zierfachwerkgiebel, das den 1903 abgebrannten Vorgängerbau ersetzt. Links der Straße steht der bezaubernde Allmannsdorfer Narren-

■ **Links: Narrenbrunnen mit den tanzenden Fasnachtgestalten »Besema« und »Besewieb«. Rechts oben: Turm von Sankt Georg. Rechts unten: Ritt auf dem Drachenkopf – Balkon der Villa Seeschau.**

brunnen neben einem als Ruhebank genutzten großen Findlingsstein, der während der letzten großen Eiszeit von den Eismassen des Rheingletschers aus den Alpen bis hierher geschoben wurde.

Wir biegen nun nach links in die **Schiffstraße** ein, queren sie und gelangen über den **Forellengang** wieder in die **Staader Straße**, die wir nun bergab schlendern. Nach kurzer Zeit passieren wir die Villa Seeschau (Nr. 7 und 9), das wohl imposanteste Jugendstilgebäude in Staad. Besonders gewagt erscheint der von einem Drachen mit Flügeln gestützte Balkon, der die versprochene Seeschau möglich macht.

Der Eingangsbereich wird von grimmig dreinschauenden Fratzen und bissigen grünen Fischen und Aalen bewacht. Wir folgen der Straße weiter und erreichen über die **Fischerstraße** wieder den Ausgangspunkt am Staader Jachthafen.

TOUR 8 KUNTERBUNTE CAMPUSWELT, KLOSTERSCHLAF UND PALMENINSEL

Über die Universität und St. Katharina zur Insel Mainau

Tourbeginn und -ende: *Egg, St. Josefskapelle*

Bushaltestelle: *Egg/Universität, Linien 4, 13 (Mainaustraße)*

Tourenlänge: *5 km*

Höhenunterschiede: *66 m*

Einkehrmöglichkeiten: *Uni-Campus: Mensa, Cafeteria, St. Katharina, Mainau-Träff (Eingang zur Insel Mainau)*

Netter Hingucker: Egger Brunnen von 1895.

Diese spannende und vielseitige Rundtour beginnt im Stadtteil Egg an der barocken St. Josefs-Kapelle mit dem hübschen Fischerbrunnen. Egg war ursprünglich ein kleines Fischerdorf mit einem Jagdschloss am See, dem »Schlössli«, das dem Deutschen Ritterorden gehörte.

Vom alten Dorf selber sind noch einige Wohnhäuser in der Bachgasse erhalten geblieben. Wir biegen oberhalb der Kapelle in den

Flurweg ein und folgen dem Weg bis zu Linkskurve. Nun gelangen wir über einen Treppenaufgang und einen Fußgängersteg (bei der Bushaltestelle) hoch zur Universität. Oben folgen wir dem Schild Richtung »Gebäude K–R, T, Z« und halten uns vor dem Waldrand links.

Universität Konstanz

Die Universität Konstanz wurde 1966 gegründet. Es gab jedoch bereits im 17. und 18. Jahrhundert in Konstanz eine Universität, denn ein Teil der Freiburger Universität war nach der dortigen Besetzung durch die Franzosen in der Kons-

LInks: St. Josefs-Kapelle in Egg. Rechts: Eine Universität bekennt Farbe: Campus auf dem Gießberg.

tanzer Altstadt untergebracht. Die neue, in den politisch ebenfalls unruhigen Zeiten der Studentenbewegung entstandene Universität verstand sich von Anfang an als Reformuniversität. 1972 wurde der Campus auf dem Gießberg mit einer Fläche von 90 000 m^2 eröffnet. Seine Planer haben ihn als einen Lebens- und Arbeitsort konzipiert, an dem neue Formen von Forschung und Lehre auch ihren baulichen Ausdruck finden sollten. Verdichtete Bebauung, kurze Wege, der Verzicht auf große Hörsäle zugunsten einer Vielzahl von Seminarräumen sowie die Abwechslung zwischen Arbeitsbereichen, Verkehrsflächen und Ruhezonen waren Teile des Reformkonzepts. Hinzu kam die Idee, durch »Kunst am Bau« bleibende Akzente zu setzen und damit einer tristen Betonlandschaft entgegenzuwirken. Bei der Strukturierung der Universität verzichtete man auf Institute zugunsten von Fachbereichen als Lehr- und Forschungseinheiten. Um die Fächergrenzen zu überwinden, wurde aus dem angelsächsischen Raum das Konzept der Campus-Universität übernommen und Serviceeinrichtungen wie die Mensa zentralisiert. Neuartige Formen der Selbstverwaltung lösten überkommene universitäre Strukturen ab. Ausdruck des neuen Geistes war auch die Einrichtung einer frei zugänglichen Bibliothek,

Oben: Eine Prise Corbusier und eine große Dosis Gaudi. Unten: Erfrischendes Nass: Brunnenanlage auf dem Campus.

die heute fast rund um die Uhr geöffnet ist. Und damit nicht genug, die Uni »erfindet« sich ständig neu: Seit 1999 ist die Universität in drei Sektionen unterteilt, in denen die 13 Fachbereiche zu stärkerer Zusammenarbeit angehalten werden. Beibehalten wird die konsequente Zentralisierung der Verwaltung, der Einrichtungen für Technik, Rechnerbetrieb und Sprachausbildung sowie der Serviceeinrichtungen. Heute genießt die renommierte Forschungs- und ausgezeichnete Exzellenzuniversität bundesweit und auch auf internationaler Ebene einen hervorragenden Ruf. Viele Jahre sorgte der in die Unigeschichte eingegangene Kater Sammy für eine besondere Wohlfühl-Atmosphäre.

Nach einigen Schritten führen Treppen nach oben zur Mensa und zur Aussichtsterrasse. Bei schönem Wetter bietet sich von hier ein exzellenter Ausblick auf den See, die Insel Mainau und die Alpen. Von hier schreiten wir wieder die Treppen nach unten auf den zentralen Platz mit den farbigen Glasdächern. Um nun zum Botanischen Garten zu gelangen, gehen wir durch das blaue Universitätsgebäude A und folgen erst dem Schild »V Ausgang« mit dem Bussymbol und draußen der Ausschilderung zum Botanischen Garten. Wir laufen hoch bis zur Eggerhaldestraße, queren sie, und folgen dem ausgeschilderten Wanderweg am Wald zum Botanischen Garten. Sollte das Institutsgebäude mal abgeschlossen sein, gehen wir zurück und folgen unterhalb der Campusgebäude zunächst dem Fußpfad geradeaus. Nach einigen Schritten zweigt im Wald ein aus-

Im Dornröschenschlaf: St. Katharina.

geschilderter Weg links hoch nach »St. Katharina« ab. Nach kurzem Fußmarsch erscheint linker Hand der Botanische Garten der Universität. Der Schaugarten mit den Gewächshäusern ist relativ klein. Wir spazieren den mit rot-gelben Rautenzeichen und Jakobsmuschel gekennzeichneten alten Pilgerweg weiter und erreichen die Lichtung des ehemaligen Klosters St. Katharina. Der lange Zeit als Ausflugsgaststätte genutzte Klosterflügel steht heute leer. Beim Blick durch die Fenster erkennt man noch die niedrigen Gasträume des Wirtshauses mit dem alten Kachelofen.

St. Katharina

Dieser abgelegene Ort im Mainauwald war erst eine Eremitenzelle. Ab 1436 wirkten hier Nonnen, die sich vor allem der Pflege von Kranken und der Beherbergung von Pilgern annahmen. Das kleine Kloster war an den Deutschen Orden auf der Mainau gebunden. In den Wirren der Reformation gelangte 1542 das Kreuz der Heiligkreuzkapelle Bernrain bei Emmishofen in das Waldklösterchen. Da ihm wundertätige Kräfte nachgesagt wurden, entwickelte sich das Kloster plötzlich zum Ziel zahlreicher Wallfahrer, was sich auch positiv auf seine

■ **Lauschig: Biergarten St. Katharina.**

Gärtnerturm mit dem Umweltinfozentrum.

wirtschaftliche Situation auswirkte. 1664 schien dieser Geldsegen wieder zu versiegen, denn St. Katharina musste im Zuge der Gegenreformation sein »Tischleindeckdich« wieder an Bernrain zurückgeben. Dies scheint aber mit Gegenleistungen verbunden gewesen zu sein, denn 1667 konnte das Kloster seine Anlage plötzlich erweitern und eine größere Kirche bauen. 1808 machte die Säkularisation alle Pläne der Nonnen zunichte. St. Katharina wurde aufgelöst und sein Inventar in den umliegenden Dörfern verschleudert. Die Gebäude wurden verkauft und ein Klosterflügel schon bald in eine Ausflugsgaststätte umgewandelt. Der Rest verfiel und wurde später abgerissen. Besonders durch das Ehepaar Riesterer wurde das Wirtshaus ab 1919 zum beliebten Ausflugsziel. Auch diese Zeit fand 1965 ein abruptes Ende, als das urige Lokal mit seinen niedrigen Decken und knarrenden Holzböden wegen der fehlenden Wasser- und Stromanschlüsse von Amts wegen geschlossen wurde. Die beiden inzwischen ebenfalls in die Jahre gekommenen Töchter Riesterer hatten die Waldschenke bis zum Schluss mit Petroleumleuchten und Plumpsklos geführt. Seit sie dort Ende der 1980er-Jahre selbst ausziehen mussten, ist St. Katharina mehr

Pflanzkunst: Blumentiere auf der Mainau.

oder weniger dem Verfall preisgegeben. 2013 wurde durch die Lennart-Bernadotte-Stiftung und den Erlebniswald Mainau dem Gelände wieder Leben eingehaucht: Ein großer Biergarten unter alten Kastanien wurde eröffnet und erfreut – außer in den Wintermonaten – die durstigen und hungrigen Wanderer.

Wir biegen nun nach dem Gemäuer rechts ab und folgen dem Jakobsweg in den Mainauwald. An der nächsten größeren Wegkreuzung nehmen wir den linken Weg talwärts und folgen dem Erlebniswald Mainau. 15 Stationen, wie der Klanghügel oder die Sprunggrube, informieren originell über die Forstwirtschaft und das Leben im Wald. Wir folgen der weiß-orange-farbenen Raute auf gelbem Hintergrund und dann später dem Zeichen des SeeGangs hinunter. Unten kommen wir über eine Fußgängerampel zum Eingang der Insel Mainau. Wer sie besuchen möchte, muss hier seinen Obolus entrichten. Ansonsten gibt es hier auch die Möglichkeit zur Einkehr im Bistro »Mainau-Träff«.

Insel Mainau

Die Mainau ist ohne Zweifel einer der größten Besuchermagnete des Bodensees. Jedes Jahr kommen rund 1,6 Millionen Besucher aus aller Welt auf die Blumeninsel. Mit einer Fläche von 45 Hektar ist sie das drittgrößte Eiland im See. Bedingt durch das milde Bodenseeklima gedeihen auf der Insel subtropische, teilweise auch tropische Pflanzen und viele Palmenarten (siehe Anhang Informationen A–Z).

Die Mainau hat eine interessante Geschichte. Wer die Mainau heute erlebt, kann sich kaum vorstellen, was für bewegte Zeiten die kleine Insel schon erlebt hat. Nach frühen Siedlungsphasen wird die strategisch günstige Mainau alemannisches Herzogsgut und später Teil eines fränkischen Königsguts. Im 13. Jahrhundert kam sie an den Deutschherrenorden, der dort eine Burg mit dem Comturey-Turm und ein Kloster, die »Kommende Mainau«, bauen ließ. Die Kommende wurde bald wohlhabend und hatte eine eigene Gerichtsbarkeit inne. Da Reichtum immer auch Diebe anlockt, wurde 1588 zur Bewachung der sogenannte Schwedenturm errichtet. Aus derselben Zeit stammt auch die bronzene Kreuzigungsgruppe am Überweg zur Insel. Um dieses Schwedenkreuz rankten sich nach der Verwüstung der Mainau durch die Schweden

Subtropischer Zauber: Schloss und Kirche auf der Mainau.

im Dreißigjährigen Krieg viele Legenden, wodurch die Insel sich zu einem bedeutenden Wallfahrtsziel entwickelte. Die Kreuzigungsgruppe soll ursprünglich oben bei der Schlosskirche gestanden haben.

Als die Schweden nach der Plünderung wieder abzogen, sollen sie auch die Kreuze aus ihrer Verankerung gerissen haben, um sie mitzunehmen. Beim Abtransport wurden sie plötzlich so schwer, dass sich der Wagen selbst mit zehn vorgespannten Pferden nicht mehr von der Stelle bewegen ließ. Verärgert ließen die Schweden den Karren stehen und zogen mit den Pferden ab. Anderntags soll ein Litzelstetter Bauer mit zwei Ackergäulen die Kreuze mühelos zum Mainausteg gebracht haben, wo sie bis heute stehen. Im 18. Jahrhundert ließ der berühmte Baumeister des Deutschen Ordens, Johann Caspar Bagnato, das heutige Barockschloss mit der Kirche St. Marien anstelle der Kommende errichten. 1806 kam die Mainau an das neu gegründete Großherzogtum Baden. In der Folgezeit wechselte die Insel zwischen Besitzern aus österreichischen, schwedischen und englischen Königshöfen und herzoglichen Häusern. Schließlich kam sie wieder zum Haus Baden, das hier unter Großherzog Friedrich I. eine Sommerresidenz mit einem blühenden Park einrichten ließ. Sein kinderloser Sohn Friedrich II. vermachte die Mainau seiner Tante Viktoria, der Ehefrau des

Sagenumwoben: Kreuzigungsgruppe am Inseleingang.

Alte Bäume: Graf-Lennart-Bernadotte-Allee.

späteren schwedischen Königs Gustav V. So kam die Insel in den Besitz des schwedischen Königshauses. 1932 übertrug Prinz Wilhelm von Schweden die Verwaltung der inzwischen völlig verwilderten Insel seinem 23-jährigen Sohn Prinz Lennart Bernadotte, der sich von nun an völlig der Umgestaltung zum Blumenparadies widmete. Nach der Heirat mit einer Bürgerlichen verzichtete er auf die Thronfolge und zog sich ganz auf die Mainau zurück. Den Zweiten Weltkrieg erlebte er im neutralen Schweden und verpachtete die Insel an die Organisation Todt des Rüstungsministers Albert Speers, die hier ein gehobenes Erholungsheim für Offiziere plante. Nach Kriegsende nutzten die französischen Besatzungsmächte das Schloss als Sanatorium für schwerstkranke Häftlinge aus dem Konzentrationslager Dachau. Bald darauf kam die Insel wieder in den Besitz von Graf Bernadotte, der nun erfolgreich seine ehrgeizigen Pläne zum Aufbau der Mainau als Natur- und Blumeninsel in die Tat umsetzte. Er gründete mit seiner Frau Sonja die Lennart-Bernadotte-Stiftung, die heute die Insel verwaltet und in die alle fünf Kinder des Paars eingebunden sind.

Um nach Egg zurückzuwandern, folgen wir der Graf-Lennart-Bernadotte-Allee entlang des Seeufers in Richtung Konstanz, vorbei an den Uni-Sportplätzen. Diese Allee mündet in die Mainaustraße und bringt uns wieder zu unserem Ausgangspunkt, der St. Josefs-Kapelle, zurück.

TOUR 9 KLEIN-VENEDIG, KUNSTGRENZE, MÄRCHENSCHLOSS

Wanderung durch Kreuzlingen und den Seeufer-Park

Tourbeginn und -ende: *Festplatz Klein-Venedig, südliches Ende der Hafenstraße*

Bushaltestellen: *Bahnhof Konstanz/Marktstätte: fast alle Linien, Bahnverkehr*

Tourenlänge: *7 km*

Höhenunterschiede: *28 m*

Einkehrmöglichkeiten: *Gastronomie im Konstanzer Hafengelände und in Kreuzlingen (Schweiz)*

Die interessante und äußerst reizvolle Tour beginnt am Konstanzer Festplatzgelände Klein-Venedig am südlichen Ende der Hafenstraße. So romantisch dieser Name klingen mag, so ernüchternd ist seine Entstehungsgeschichte, denn die Konstanzer verdanken ihre Festwiese ihrer früheren Mülldeponie direkt im Uferbereich. Diese heute unvorstellbare Tatsache war eines der Hauptargumente gegen das hier geplante Konzert- und Kongresshaus, denn die Gegner befürchteten, dass bei den Bauarbeiten gefährliche Giftstoffe freigesetzt werden könnten.

Von der Hafenstraße gehen wir links vom Sea Life Center vor bis zum Seeufer. Vom Ufer bieten sich immer wieder schöne Ausblicke auf den Konstanzer Hafen und auf die Türme von Bahnhof, Stephanskirche und dem Münster in der Altstadt. Der Uferweg führt uns nun nach Süden, und nach ungefähr 200 Metern begegnen wir sechs Meter großen runden und eckigen Gebilden aus rot lackiertem Edelstahl, die in einer Linie stehen. Auf den ersten Blick könnte man meinen, man sei auf die Überreste eines Stahlwerks gestoßen – wir haben die Kunstgrenze erreicht. Diese ersetzt seit 2007 den seit dem Zweiten Weltkrieg bestehenden Maschendraht-Grenzzaun zwischen Deutschland und der Schweiz.

■ **Kunst statt Zaun: die Kunstgrenze.**

Der Künstler Johannes Dörflinger hat dafür die 22 Trümpfe aus der »Großen Arkana« des Tarots gewählt. Die Figurentitel sind in deutscher, englischer, französischer und italienischer Sprache in die zwei Meter hohen silbergetönten Edelstahlsockel eingraviert. Dörflinger führt hierzu aus, dass ihm am Thema Tarot immer schon die »Verdichtung allgemeinmenschlicher Erfahrungen im Symbol« gereizt habe. Für ihn hat Tarot nichts mit Wahrsagerei zu tun, sondern ist in seiner ursprünglichen Form Träger alter Weisheiten und menschlicher Sehnsüchte.

Wir setzen die Wanderung entlang dem Uferweg fort und kommen am »Freiheitsbaum« der Schweizer Künstlerin Maja Wiesmann-Gautschi vorüber. Sie setzt sich in ihrem Werk, einem sich bei Wind drehenden Gebilde in allen Farben des Regenbogens, mit den Themen »Freiheit« und dem »Aufbruch zu Neuem« auseinander. Nach wenigen Schritten erreichen wir die Bucht des recht beschaulich wirkenden Kreuzlinger Hafens mit seiner kleinen Platanenallee und dem Hafenrestaurant. Wer es noch nicht realisiert hat, dem wird spätestens jetzt an manchen ungewohnten Schildern und einigen freundlichen »Grüezis« klar, dass er sich auf Schweizer Boden befindet. Es ist immer wieder ein interessantes Phänomen, dass sich eine irgendwann einmal gezogene politische Grenze im Laufe der Jahrhunderte zu einer kulturellen und sprachlichen Grenze entwickelt.

Nach dem Hafenrestaurant biegen wir rechts ab und folgen dem mit dem Schweizer Wappen gekennzeichneten Fußweg bis zum Kreuzlinger Hafenbahnhof an der Hafenstraße, die wir überqueren. Rechts des Gasthauses »Bahnhof-Hafen« wandern wir die **Pestalozzistrasse** bergauf und kommen an der Kreuzlinger Kantonsschule vorbei. Oberhalb davon halten wir uns am modernen Kreuzlinger Sport- und Kulturzentrum Dreispitz links und wandern über den mit schwarzen Bodenplatten gestalteten Außenbereich in Richtung Kloster Kreuzlingen. Vor dem imposanten Klosterkomplex führt uns der **Obere Schulweg** entlang der kleinen Friedhofsmauer hoch zur **Hauptstrasse**. Nach wenigen Schritten erreichen wir über sie den Eingang zur ehemaligen Klosterkirche St. Ulrich und Afra, die heute meist nur St. Ulrich genannt wird.

Oben: Prachtvolles Barock und Rokoko: Innenraum der Klosterkirche Kreuzlingen. Unten: Treppenhaus in den Guyerbauten.

Kreuzlingen und sein Kloster

Die Geschichte Kreuzlingens ist eng mit der Gründung seines Klosters verbunden. Von 935 bis 976 war Konrad I. Bischof in Konstanz. Von einer seiner Reisen ins Heilige Land brachte er einen Kreuzpartikel mit, den er einem von ihm gestifteten Spital in Stadelhofen schenkte, das deshalb den Namen »Crucelin« (Crucis Lignum = Holz vom Kreuz) erhielt. Später entstand daraus der Name »Creuzlingen«. 1093 wurde dieses Hospiz während eines Streites zwischen dem Abt von St. Gallen und dem Bischof von Konstanz in Brand gesteckt. Anfang des 12. Jahrhunderts verwandelte der Bischof das wieder aufgebaute Gebäude in ein Augustiner-Chorherrenstift, das während des Konzils den später abgesetzten Papst Johannes XXIII. beherbergte. Als nach dem Schwabenkrieg 1499 der Herzog von Mailand den Eidgenossen Kreuzlingen zusprach, zerstörten die Konstanzer das Kloster aus Wut über den Verlust. Trotz der eidgenössischen Neutralität wurden das Kloster und der Ort 1633 im Dreißigjährigen Krieg ein zweites Mal durch die Konstanzer dem Erdboden gleichgemacht. Die neue Anlage entstand um 1650 nun etwas weiter entfernt am heutigen Platz. Die Kirche erhielt ihre jetzige Form beim Umbau im 18. Jahrhundert im Stil des Rokokos. Eine besondere Kostbarkeit im Kircheninneren ist die riesige Ölberggruppe aus Arvenholz (Holz der Zirbelkiefer) sowie das prächtige Chorgitter aus dem Jahr 1737. Durch die Helvetische Revolution von 1798 gingen viele Klosterbesitztümer verloren und die Mönche versuchten, den Erhalt durch eine Schule zu sichern. 1848 kam trotzdem das Aus. Die Thurgauer Regierung löste das Kloster auf und verwandelte die Stiftsgebäude in das bis heute bestehende Lehrerseminar. Im Jahr 1874 wurde die umliegende Gemeinde Egelshofen in Kreuzlingen umbenannt und 1947 zur Stadt erhoben. 1963 geriet das Kloster mit der Kirche in Brand und wurde schwer beschädigt. Erst auf massiven Druck der Bevölkerung wurde die Kirche originalgetreu wiederaufgebaut. Heute befindet sich hier die »Pädagogische Maturitätsschule Kreuzlingen«, die gemeinsam mit der Pädagogischen Hochschule und der Kantonsschule Kreuzlingen den »Campus Bildung Kreuzlingen« bildet.

Märchentraum: Schloss Seeburg mit Rosengarten.

■ **Klein aber fein: das Wöschhüsli.**

Wir gehen nun die Hauptstrasse an den ehemaligen Stiftsgebäuden entlang weiter und biegen an der nächsten Möglichkeit nach links ein in den östlichen Klostergarten mit einem spätbarocken Brunnen. Nach einem kurzen Spaziergang entlang des südlichen Stiftsflügels mit prächtigem Barockportal gelangen wir über einen Treppenabgang, vorbei an einem hübschen Gartenhäuschen, zu den 1970–1972 errichteten sogenannten Guyerbauten. Diese durch das bekannte Zürcher Architektenehepaar Rudolf und Esther Guyer spartanisch gestalteten Gebäude aus rotem Sichtbeton sind Teil des Kreuzlinger Campus und beherbergen heute die Fachbereiche Sport, Musik und Naturwissenschaften.

Die Monotonie der funktionalen Architektur wird lediglich durch organisch geformte Brunnengebilde aus Beton und Marmor unterbrochen. Vor der Brunnenanlage im unteren Innenhof biegen wir nach rechts ab und gelangen so in die **Klosterhofstrasse** und den sich fortsetzenden Fußpfad, über die wir östlich des Sportplatzes bis zur **Hafenstrasse** bergab spazieren.

Wir halten uns rechts und überqueren die Straße am Fußgängerweg an der Kreuzung mit der Weidenstrasse. Auf der gegenüberliegenden Seite wandern wir auf der **Promenadenstrasse** kurz in Richtung See und biegen nach den Bahngleisen schräg links in den Seeburgpark ein.

Wir wandern links an einem eiszeitlichen Findling vorbei und erreichen nach einigen großen Mammutbäumen und einem uralten japanischen Schnurbaum das idyllisch über dem Bodensee gelegene Schloss Seeburg. Der 1598 an dieser Stelle als »Neuhorn« erbaute erste Adelssitz diente später dem Kreuzlinger Kloster als Sommerresidenz. Während des Dreißigjährigen Krieges brannte es vollständig aus und wurde 1664 wiederhergestellt. Ab 1833 zog das Thurgauer Lehrerseminar mit dem weit über die Landes-

Herrlich: Ausblick vom Seeuferweg.

grenzen hinaus bekannten Pädagogen Johann Jacob Wehrli als Direktor ein. Einige Jahre wurde das Seminar ins Kloster verlegt und das Schloss verkauft. Der neue Besitzer Gottfried Ferdinand Ammann ließ es 1870 im damals auch in der Schweiz beliebten Stil des Historismus umbauen. Sein Traumdomizil stand bis zur Aufschüttung des Uferbereichs in den 1960er-Jahren direkt am See.

Heute liegt das Schloss mit dem Seeburgpark im Zentrum des Kreuzlinger Freizeitgeländes und beherbergt neben einem Institut der Konstanzer Universität ein Restaurant mit schöner Gartenterrasse. Wir gehen links am Schloss vorbei. Der Weg führt nun direkt unterhalb des Schlosses zwischen mächtigen alten Buchen durch ein kleines Tor in den Rosengarten. Mit dem kleinen Springbrunnen und einem weiteren eigenwillig gewachsenen Schnurbaum ist hier einer der märchenhaftesten Orte in der Konstanzer Bucht.

Wir verlassen den Garten durch das efeuumrankte Tor gegenüber und spazieren unterhalb eines beschaulichen Wohnhauses mit Staffelgiebeln den leicht ansteigenden Fußweg hoch bis zum **Seeweg**, den wir nach links gehen. Inmitten von Wiesen sehen wir oberhalb die stilvolle Villa Hörnliberg von 1896, in der seit 1970 die Kreuzlinger Jugendherberge untergebracht ist. Das kleine »Wöschhüsli« (Waschhaus) davor ist Teil des Seemuseums, das wir nach wenigen Metern erreichen. In der malerischen Kornschütte aus der Klosterzeit erfährt man viel über die Geschichte der Fischerei, die Schifffahrt und das Leben der Menschen am See. Auch gibt es hier eine Einkehrmöglichkeit.

Wir gehen oberhalb des Museums einige Schritte weiter und biegen in der nächsten Kurve nach links in einen Fußweg ein, der uns in südlicher Richtung bis zum Kreuzlinger Seglerhafen führt. Nach kurzer Zeit gelangen wir an einen schilfbestandenen Weiher. Hier gelang es den Vogelschützern mit aufwendigen Schutzmaßnahmen, dass seit 1950 wieder Weißstörche im Land der Eidgenossen brüten. Eine weitere Besonderheit ist die große Artenvielfalt von Fledermäusen im Park. In der Dämmerung können wir lichtscheue Zeitgenossen wie die Rauhautfledermaus oder die nur vier Zentimeter lange Mückenfledermaus auf ihrer Jagd nach Insekten beobachten. Wer einkehren möchte, wandert auf der Promenadenstrasse bis zum beliebten Strandlokal Fischerhaus weiter. Ansonsten biegen wir vor dem Kreuzlinger Seglerhafen nach links ab und gehen vor bis zum **Seeuferweg**, auf dem wir nun wieder zurück in Richtung Konstanz spazieren.

Der schöne Uferweg mit zahlreichen ökologischen Schautafeln führt uns bis zum Kreuzlinger Hafen. Kurz vor dem Kreuzlinger Hafen erreichen wir den im Jahr 2000 aus dicken Douglasienstämmen errichteten »Seeburgturm«. Mit seinem Grasdach erinnert das hölzerne Gebilde an einen gigantischen Eichhörnchenkobel. In rund zehn Meter Höhe hat man einen schönen Blick auf die Seeufer-Anlage, den Kreuzlinger Hafen und die dazwischen liegende »Wollschwein-Insel«.

Auf diesem künstlich aufgeschütteten Inselchen mit mehreren Binnenweihern leben im Winter die selten gewordenen Wollschweine. Diese »ehrenamtlichen« Reservatspfleger sorgen dafür, dass das wertvolle Ökotop, Brutplatz für viele seltene Vogelarten, nicht zuwächst. Nach dem Kreuzlinger Hafenbecken gelangen wir wieder über denselben Weg zu unserem Ausgangspunkt Klein-Venedig.

Der Seeburgturm.

AUSFLUG A

Klosterinsel Reichenau, Weltkulturerbe der UNESCO

Die Reichenau ist nicht nur die größte Insel des Bodensees; sie besitzt auch eine außergewöhnlich ruhige, fast kontemplative Ausstrahlung. Das fruchtbare und klimatisch milde Eiland wird heute hauptsächlich landwirtschaftlich genutzt, und beim Anblick der vielen Salatfelder und Gewächshäuser kann man sich kaum noch vorstellen, dass dieses Fleckchen Erde einmal ein religiöses und kulturelles Zentrum in Europa war. Man erreicht die Insel seit 1838 über einen Damm mit einer beeindruckenden, 1300 Meter langen Pappelallee und wird am Eingang vom Wanderbischof und Klostergründer Pirmin begrüßt. Das in Stein gehauene Kunstwerk der Pforzheimer Bildhauerin Gisela Bär erinnert daran, dass hier ein außergewöhnlich geschichtsträchtiger Ort mit alter klösterlicher Tradition betreten wird.

Christus im Lebensbaum, Reichenauer Schule (11. Jhd.).

Geschichte der Reichenau – Reich der Geschichte

Von Pirmin und der Gründung des Benediktinerklosters Reichenau 724 erzählt eine alte Legende: Der alemannische Adelige Sintlas bat den Wanderbischof, in diesem weitgehend heidnischen Landstrich eine Kapelle zu bauen. Pirmin

Kirchenreiche Reichenau: St. Peter und Paul.

wählte als Platz die Insel Reichenau, die damals von einem unwirtlichen Urwald bewachsen und voller Schlangen, Kröten und Insekten gewesen sein soll. Dort, wo Pirmin zuerst seinen Fuß auf die Insel setzte, bildete sich eine Quelle und das lästige Getier soll innerhalb von drei Tagen von der Insel geflohen sein. Pirmin und seine Begleiter rodeten nun das »befreite« Gebiet und gründeten ein Kloster. Die Legende hat wohl auch einen wahren Kern, denn das Kloster trug anfangs den Namen »Sintleozesave« und es wird vermutet, dass der Adelige als Klosterstifter in der Klosterkirche begraben wurde. Das fruchtbare Eiland, die »reiche Au«, erlebte nun über drei Jahrhunderte hinweg eine außergewöhnliche Blütezeit. Noch heute zeugen prächtige Kirchenbauten von dieser »Wiege abendländischer Kultur«. Die Benediktinerabtei in Reichenau-Mittelzell entwickelte sich zu einem bedeutenden Zentrum für Wissenschaft und Kunst. In der Klosterschule unterrichteten namhafte Lehrer. Die Klosterbibliothek, die Reichenauer Goldschmiedekunst und vor allem die »Reichenauer Malschule« für Buch- und Wandmalerei suchten im 10. und 11. Jahrhundert in Europa ihresgleichen.

Wichtigstes sichtbares Erbe dieser Epoche sind heute die drei romanischen Kirchen von Nieder-, Mittel- und Oberzell. Sie blieben weitgehend in ihrer frühen Form erhalten, weil das Inselkloster bereits ab dem 11. Jahrhundert wieder an Bedeutung verlor und in den folgenden Jahrhunderten verarmte. Aus heutiger Sicht ist das ein Glücksfall,

Einzigartige Kostbarkeit: Wandmalereien im Innenraum von St. Georg.

denn sonst hätten die romanischen Kirchen spätestens im 18. Jahrhundert womöglich dem barocken Zeitgeist weichen müssen. Im November 2000 wurde die gesamte Insel Reichenau zur UNESCO-Weltkulturerbestätte erklärt. Die Insel sei ein herausragendes Zeugnis der religiösen und kulturellen Rolle eines großen Benediktinerklosters im Mittelalter. Seit dieser besonderen Auszeichnung informieren drei moderne Museumsbauten – jeweils in der Nähe der Kirchen – in Form eines Informationsnetzwerkes sowie das »Museum Reichenau« über das Weltkulturerbe.

Während die Museen an den Kirchen von Ober- und Niederzell hauptsächlich die Baugeschichte und Architekturdetails der jeweiligen Kirchen erläutern, kann man im größten der neuen Museumsgebäude in Reichenau-Mittelzell geradezu ins Mittelalter eintauchen. In einem abgedunkelten Raum wird mit modernsten Medien das Goldene Zeitalter der Reichenau wieder zum Leben erweckt. Das benachbarte »Museum Reichenau« im mittelalterlichen Bau des alten Rathauses von Mittelzell stellt vor allem die Geschichte der Reichenauer Bevölkerung dar. Das Gebäude selbst ist schon sehenswert, ist es doch eines der ältesten Rathäuser Süddeutschlands.

Kommt man vom Festland her auf die Insel, erreicht man zuerst die Stiftskirche St. Georg in Reichenau-Oberzell. Die spätkarolingische und ottonische Basilika hat niedrige Seitenschiffe, einen Vierungsturm sowie einen rechteckigen, am Turm hochgezogenen Ostchor. Das fast archaisch anmutende Sakralgebäude entstand bereits um 900 unter Abt Hatto III. Später kamen geringfügige Erweiterungen hinzu, und im 15. Jahrhundert wurde die Vierung unter dem Turm mit einem Gewölbe versehen. Von unschätzbarem Wert sind die hervorragend erhaltenen ottonischen Wandmalereien aus der Zeit um 1000, die in dieser frühen Form und Fülle einzigartig sind. Sie geben Zeugnis von der damals hoch entwickelten Malkunst des Klosters.

In den Bildern des Langhauses werden die Wundergeschichten von Jesus erzählt. Sie weisen Christus für die häufig noch in der alten germanischen Religion verwurzelten und des Lesens meist unkundigen Inselbewohner als Herrn über Leben und Tod und als Herrscher über Krankheiten und Dämonen aus. Folgende Szenen werden dargestellt (im Uhrzeigersinn): 1. Heilung des Besessenen von Gerasa, 2. Heilung des Wassersüchtigen, 3. Beruhigung des Sturms auf dem See Genezareth, 4. Heilung des Blindgeborenen, 5. Heilung des Aussätzigen, 6. Auferweckung des Jünglings zu Naim, 7. Auferweckung der Tochter des Jairus und 8. Auferweckung des Lazarus. Die Bildszenen werden von perspektivischen Mäandern und reich gestalteten Ornamentfriesen eingerahmt, wie man es auch von frühen itali-

■ **Frühmittelalterlicher Schatz: St. Georg.**

enischen Kirchen kennt. Kurioses gibt es links von den Altarstufen zu entdecken: Hier hat sich ein seltenes Spottbild aus dem frühen 14. Jahrhundert erhalten, welches das Gerede der törichten Frauen kritisiert. Auf einer von vier Teufeln gehaltenen Kuhhaut heißt es:

Ich wil hie schribvn
von diesen tvmben wibvn
was hie wirt plapla gvsprochvn
vppigs in der wochvn
was wirt allvs wol gvdaht
so es wirt für den richtvr braht

(Ich will hier von den dummen Weibern schreiben; was hier an Blabla die ganze Woche gesprochen wird, dessen wird gedacht werden, wenn es einmal vor den Richter gebracht wird.) Dieses Geschwätz geht also sprichwörtlich auf keine Kuhhaut.

Die nächste Kirche ist die Klosterkirche in Reichenau-Mittelzell, das Münster St. Maria und Markus mit den Gebäuden der 724 gegründeten ehemaligen Benediktinerabtei. Sie war die einstige Keimzelle der Klosterinsel und einer der kulturellen Mittelpunkte des Abendlandes. In karolingischer Zeit zählte sie zu den bedeutendsten Klöstern Europas. Während der Blütezeiten des Klosters lebten und arbeiteten hier über 100 Mönche. Anfang des 19. Jahrhunderts wurde

Zauberhaft: Konventhof der Abtei Mittelzell.

Altes Heilwissen vor historischer Kulisse: der Hortulus.

es im Zuge der Säkularisation aufgelöst. Der Münsterbau wurde über Jahrhunderte hinweg immer wieder erweitert und umgebaut, aber wichtige Teile der Kreuzbasilika stammen noch vom ersten Bau aus der Zeit um 816. Die auffälligen Mittelschiffarkaden und -pfeiler wurden in staufischer Zeit und im Jahr 1688 erneuert. Das schöne Westquerhaus mit zwei doppelgeschossigen Vorhallen entstand unter Abt Berno (reg. 1008–1048). Unter dem Querhaus befindet sich die Westapsis mit dem Markusaltar, in dem früher die Reliquien des Apostels Markus aufbewahrt und verehrt wurden. Besonders auffällig ist die offene Balkendecke im großen Kirchenschiff von 1236/37, bei dem man sich an der im Schiffsbau verwendeten Spantenkonstruktion orientierte. Am spätgotischen Chor wurde von 1447 bis 1533 gebaut. Die Arbeiten endeten erst 1558 mit der Vollendung der Ausmalungen, woran man deutlich erkennt, dass die wirtschaftliche und kulturelle Kraft des Klosters schon sehr geschwächt war.

Das Chorgitter von 1746 ist ein Musterbeispiel barocker Schmiedekunst. Dahinter verbirgt sich ein barocker Altar mit der Heilig-Blut-Reliquie (1739). Der von Rudolf Stahel 1498 für eine Konstanzer Kirche geschaffene Allerheiligenaltar dient heute als Hochaltar. Davor befindet sich das Grab Kaiser Karls III. Die 1964 in rötlichem Farbton geschaffenen Glasfenster der deutschen Glasmaler Anton

Verträumte Uferwelt am Gnadensee.

Wendling und Friedrich Oidtmann aus dem Rheinland kommen in dem dunklen Chorraum wundervoll zur Wirkung. Während der Blütezeit der Abtei wurden zahlreiche Reliquien und Kunstschätze gesammelt. Sie werden heute in der Münsterschatzkammer aufbewahrt, die in der gotischen Sakristei eingerichtet wurde und nachmittags geöffnet ist. Südlich schließen die ehemaligen Konventgebäude mit einem schönen Innenhof an das Münster an.

Sie ersetzen seit dem Jahr 1610 die mittelalterliche Klosteranlage. Gegenüber dem ehemaligen Konvent steht in einem Garten das eindrucksvolle Haus Ulricher aus dem 16. Jahrhundert, das zum Kloster gehörte. Rechts der Kirche führt ein ausgeschilderter Weg zum kleinen Kräutergarten. Er ist eine Rekonstruktion des sogenannten Hortulus aus dem frühen 9. Jahrhundert. »Hortulus« ist ein Lehrgedicht, das der junge Mönch und spätere Abt des Klosters, Walahfrid Strabo, um 827 über den Gartenbau verfasst hatte. Er schildert darin die in seinem Klostergarten gesammelten Erkenntnisse über Nutzen und Heilwirkungen von Pflanzen, aber auch ihre Symbolkraft und Ästhetik. Wer den Garten zum ersten Mal sieht, ist wegen seiner geringen Größe und Gleichförmigkeit vielleicht etwas enttäuscht. Das Besondere dieses Klostergartens ist seine mittelalterlich strenge Gliederung mit acht rechteckig angeordneten Innenbeeten, umgeben von weiteren 16 Beeten in halber Größe.

Vom Parkplatz aus gibt es die Möglichkeit, auf dem malerischen Uferweg zur westlichsten Kirche, St. Peter und Paul, in Reichenau-Niederzell zu wandern. Es ist die schönste Variante, diesen Teil der Insel zu erkunden. Überall bieten sich herrliche Ausblicke über den See und auf alte Gehöfte. Eine nette Einkehrmöglichkeit auf halber Strecke ist das Strandbad mit schön gelegenem Biergarten.

Die Kirche in Niederzell ist schon von Weitem gut an ihren Doppeltürmen zu erkennen. Die an der Westspitze der Insel gelegene Stiftskirche St. Peter und Paul wurde Ende des 8. Jahrhunderts im Auftrag des Veroneser Bischofs Egino unter Mithilfe von oberitalienischen Baumeistern errichtet. Der hochgebildete alemannische Adelige blieb auch in Verona stets mit der Reichenau verbunden und verbrachte seine letzten Jahre in der von ihm geschaffenen Klosterzelle von Niederzell. Seine Gruft befindet sich heute noch im Chor der Kirche. Das heutige Bauwerk stammt allerdings aus dem 11. und 12. Jahrhundert und war ursprünglich fast vollständig bemalt. Das Innere der

Lombardisches Flair: St. Peter und Paul in Niederzell.

■ **Schloss Windeck.**

dreischiffigen Säulenbasilika wurde zwischen 1750 und 1760 im Stil des Rokokos umgestaltet. An einigen Stellen – beispielsweise in der Chorapsis – wurden die einmaligen Wandmalereien aus dem 12. und 13. Jahrhundert wieder freigelegt, ein kontrastreicher Stilmix aus Romanik und Rokoko.

Gegenüber von St. Peter und Paul liegt das hübsche Schloss Windeck (auch »Windegg« geschrieben), von den Reichenauer liebevoll auch »'s Bürgle« genannt. Es wurde anstelle der einstigen Burg Schopflen um 1627/1630 im Stil der Spätrenaissance erbaut und ist heute ein Seminarzentrum.

Von hier gibt es die Möglichkeit, auf weiteren ausgeschilderten Wanderwegen bis zum kleinen Reichenauer Hafen, der »Schiffslände«, im Süden der Insel zu gelangen. Auf der Reichenau existiert noch ein weiterer Adelssitz südlich von Mittelzell. Das imposante Schloss Königsegg mit Anfängen aus dem 16. Jahrhundert befindet sich an der Kreuzung der Mittelzeller Straße mit der Unteren und Oberen Rheinstraße. Im Sommer finden hier Freilichtspiele vor der malerischen Fassade der viertürmigen Schlossanlage statt (siehe www.theater-auf-der-insel.de). Bei schöner Sicht lohnt sich auch ein Abstecher zur Hochwart. Dieser Aussichtspunkt befindet sich in den Weinbergen bei dem zauberhaften Teehäuschen von 1839, welches inzwischen ein Keramik-Atelier mit Café beherbergt. Mit 441 Metern ist die Hochwart die höchste Erhebung der Insel und bietet einen faszinierenden Rundblick über die ganze Unterseelandschaft. Sie liegt südöstlich von Mittelzell und kann über die Hochwartstraße erreicht werden.

Anfahrt zur Insel mit öffentlichen Verkehrsmitteln

Mit dem »Seehas« bis zum Bahnhof Reichenau, von dort mit dem Bus (Linie 7372) auf die Insel. Mit dem Pkw fährt man auf der B 33 (Reichenauer Straße) Richtung Westen. Am Stadtrand folgt man der ausgeschilderten Straße nach links auf die Insel. Der Radweg verläuft etwa entlang dieser Straßen und ist ebenfalls ausgeschildert. Es gibt auch die Möglichkeit, die Insel mit den Schiffen der BSB von Konstanz aus zu erreichen. Genaueres unter: www.bsb.de.

Meersburg – charmanter Ort und Domizil der Fürstbischöfe

Die besonders reizvolle Lage Meersburgs mit seinen prachtvollen Gebäuden über dem Bodensee zieht schon seit Langem die Menschen in ihren Bann. Früher sagte man in der Schweiz über etwas sehr Schönes: »Es glänzt wie Meersburg.« Stadtbildprägendes Wahrzeichen ist das Alte Schloss, die Meersburg, die sich kühn mit ihren Staffelgiebeln und Rundtürmen über die Unterstadt erhebt. Sie wurde erstmals im

Blick von der Unterstadt zum Alten Schloss.

Jahr 988 in einer Urkunde Ottos III. genannt und geht vermutlich auf eine merowingische Befestigung am Fährübergang des bedeutenden Handelswegs von Oberschwaben über Konstanz in die römische Provinz Rätien zurück.

Ab Mitte des 11. Jahrhunderts kam die Meersburg in den Besitz von königlichen Lehnsträgern und gelangte schließlich in die Hand der Bischöfe von Konstanz. Aus dieser Zeit stammen die ältesten Gebäudeteile. Die Ereignisse auf der anderen Seeseite im Jahr 1526 erschütterten auch das beschauliche Städtchen und sollten seine Zukunft für lange Zeit prägen. In der freien Reichsstadt Konstanz wurde die Reformation eingeführt, und es blieb dem Bischof mitsamt Domkapitel nichts anderes übrig, als sich in die katholisch gebliebene kleine Stadt Meersburg zu retten. Die alte Meersburg sollte nun, auch nach der Rekatholisierung von Konstanz, sein ständiger Wohnsitz bleiben. Später zog er in das für ihn 1750 gleich daneben erbaute »Neue Schloss« um. Weitere ehrgeizige Bauprojekte der Fürstbischöfe wie das Priesterseminar (1725–1734) und der Reit- oder Stallhof (1760) verleihen dem kleinen Städtchen eine beeindruckende barocke Silhouette am Steilufer.

Die Säkularisation im Jahr 1803 und die bald darauf folgende Auflö-

■ **Repräsentativ: das Neue Schloss mit Gartenterrasse.**

Malerisch: Obertor mit eingegrünter Häuserkulisse.

sung des Bistums Konstanz traf das kleine Meersburg hart. 1841 kam wieder etwas kulturelles Leben in das Städtchen, als sich die bekannte deutsche Dichterin Annette von Droste-Hülshoff von Westfalen bei Besuchen ihres Schwagers in den malerischen Ort verliebte und bis zu ihrem Tod im Jahr 1848 hier blieb. Zuerst lebte sie im Alten Schloss. 1843 erwarb sie in den Weinbergen das leer stehende »Fürstenhäusle«, in dem sie wohnte und arbeitete. Später wurde Meersburg auch Refugium für weitere Künstler und Schriftsteller wie Fritz Mauthner oder Harriet Straub. Ein wichtiger Meilenstein für die wirtschaftliche Entwicklung der Stadt war ab 1928 die Fährverbindung nach Konstanz. Diese wichtige Verkehrsverbindung sollte hauptsächlich die wirtschaftliche Entwicklung von Konstanz voranbringen; sie förderte aber auch den Meersburger Tourismus ungemein. Heute wird die Stadt vor allem durch den Tagestourismus geprägt.

Neben dem malerischen Stadtbild und der bezaubernden Lage am See sind zahlreiche kulturelle Veranstaltungen wie die Internationalen Schlosskonzerte von März bis Dezember, die Droste-Kulturtage, das Meersburger Jazz-Festival oder das Weinfest im September starke Publikumsmagnete. Die bezaubernde Altstadt mit ihren vie-

Zauberhafte Gassenwelt: Meersburger Altstadt.

len Gässchen und Plätzen besteht aus der Unterstadt mit der 1870 angelegten Seepromenade und der Oberstadt mit den beiden Schlössern. Die Attraktivität und große Bekanntheit von Meersburg ist heute auch zu seinem Hauptproblem geworden, denn an schönen Sommertagen wird das pittoreske Bodenseestädtchen von Touristen förmlich überschwemmt. Ein Tipp ist deshalb ein Meersburg-Besuch an einem lauen Sommerabend, wenn viele Reisebusse wieder abgefahren sind und etwas Ruhe in der Stadt eingekehrt ist. Dann entwickeln die alten Gassen ihren ganzen Charme, und man fühlt sich ein bisschen wie in der Toskana. Die Stadt ist aber nicht nur voll von Touristen, sondern auch reich an gut ausgeschilderten Sehenswürdigkeiten, die man sich nicht entgehen lassen sollte.

In der Unterstadt sind vor allem die Seepromenade mit ihrer Ufergastronomie und das historische Grethaus ein beliebter Besuchermagnet. Wer diese Ecke der Stadt erreicht hat, sollte sich auch auf einen kleinen Abstecher zur Hafenmole mit der »Magischen Säule« des Bodensee-Künstlers Peter Lenk (siehe Touren 1 und 2) einlassen.

Die »Magische Säule«

Neben der »Imperia« in Konstanz und dem »Bodenseereiter« von Überlingen setzt Peter Lenk hier die Reihe seiner Kunstwerke an Schiffsanlegestellen des Bodensees fort. Sein hiesiges Kunstwerk zeigt gut ein Dutzend satirischer Porträts bekannter Persönlichkeiten aus der Meersburger Geschichte – dralle, zumeist nackte Körper und nicht unbedingt immer vorteilhaft dargestellt, wie bei Lenk ja zu erwarten. Auf der Säulenspitze fliegt, symbolisch als angreifende Möwe dargestellt, Annette von Droste-Hülshoff. An der Säule ist ihr Schwager, Freiherr Joseph von Laßberg, etwas respektlos als Steckenpferdreiter abgebildet, der von oben mit den Pfeilen eines mit einer Ritterrüstung bekleideten Amors beschossen wird. Daneben zeigt sich Edelfräulein und Weingutbesitzerin Wendelgard von Halten in burlesker Pose, und das Wirken des im 18. Jahrhundert als Wunderheiler und Dämonenaustreiber bekannten Johann Joseph Gaßner wird auf groteske Art dargestellt. Ebenfalls seinen Platz an der Säule hat der »Wunderarzt« Franz Anton Mesmer, der mit seinen Magneteisen triumphierend auf einem runden Käfig voller »intriganter wissenschaftlicher Kapazitäten« steht.

Bezaubernd: Blick über das barocke Teehaus auf See und Unterstadt mit Grethaus, Hafenmole und Lenks »Magischer Säule«.

In der Oberstadt befindet sich die schon erwähnte mittelalterliche Burg Meersburg, das Alte Schloss, mit dem mächtigen »Dagobertsturm« – im Rahmen einer Führung kann man ihn besteigen und von hier aus eine prächtige Aussicht auf die Stadt, den See und die Alpen genießen. Die Burg war der Wohnsitz der Dichterin Annette von Droste-Hülshoff und ist ein architektonischer und geschichtlicher Höhepunkt. Sie beherbergt heute ein Museum mit zahlreichen spätgotischen, teilweise barockisierten Innenräumen. Das romantische Gemäuer gilt heute als die älteste vollständig erhaltene und bewohnte Burg Deutschlands.

Nicht verpassen sollte man bei einer Besichtigung den Rittersaal, die Waffenkammer und die Folterkammer. Literatur-Interessierte besuchen gerne auch das Arbeits-, Schlaf- und Sterbezimmer Droste-Hülshoffs. Das etwas höher gelegene, barocke Neue Schloss mit seiner prachtvollen, im Stil des Rokokos umgestalteten Fassade stammt aus dem frühen 18. Jahrhundert und wurde später durch den berühmten Baumeister Balthasar Neumann erweitert und umgebaut. Sehenswert sind besonders das wunderschöne monumentale Treppenhaus und die Schlosskapelle mit herrlichen Stuckarbeiten von Joseph Anton Feuchtmayer, die dem Deckengemälde von Gottfried Bernhard Göz (1741) einen würdevollen Rahmen verleihen. Das Deckenbildnis im Treppenhaus mit dem Thema »Verherrlichung des Fürstbischofs und des Hochstifts« von 1761 entstammt der meisterhaften Pinselführung des kurmainzischen Hofmalers Giuseppe Appiani. Im ersten Stock ist heute eine Gemäldegalerie untergebracht, darüber können die fürstbischöflichen Wohn- und Repräsentationsräume besichtigt werden. Zwischen Neuem und Altem Schloss liegt etwas versteckt im Burggraben die alte Schlossmühle mit einem fast acht Meter großen hölzernen Mühlrad, das noch immer in Betrieb ist. Die oberschlächtige Wassermühle mit idyllischer Fachwerkfassade stammt aus dem 17. Jahrhundert und wäre eine ideale Kulisse für eine Märchenverfilmung.

Im majestätisch oberhalb der steilen Weingüter gelegenen Barockkomplex des ehemaligen fürstbischöflichen Reit- und Stallhofs können Weinproben und unterhaltsame Weinseminare besucht werden. Das direkt östlich an das Neue Schloss anschließende ockergelbe Bauwerk wurde 1760 fertiggestellt. Daneben liegt das ehemalige Priesterseminar (1725–1735), heute Gymnasium mit Internat. Zwischen den glanzvollen Barockbauten bietet die Aussichtsplattform Känzele einen großartigen Panoramablick auf See und Stadt.

Weitere lohnende Sehenswürdigkeiten sind das Rathaus aus dem

Romantik pur: das Alte Schloss.

16. Jahrhundert, das ehemalige Dominikanerinnen-Kloster mit dem Stadtmuseum und der Bibelgalerie in der Kirchstraße 4 sowie das malerische Obertor am Ende der Steigstraße, das im Mittelalter den Handelsverkehr zwischen Nürnberg und Konstanz kontrollierte. Ebenfalls nicht verpassen sollte man einen Besuch im Fürstenhäusle. Das idyllisch in den Weingärten oberhalb der Stadt gelegene Refugium von Annette von Droste-Hülshoff mit herrlichem Blick über den Bodensee ist heute Museum. Es ist mit ihren Biedermeiermöbeln, Bildern und Büchern ausgestattet und zeigt auch Originalhandschriften und persönliche Erinnerungsstücke.

Ein weiteres Kleinod liegt am Glaserhäusleweg, der sich westlich der Altstadt am Waldrand oberhalb der Weinberge entlangschlängelt. Man erreicht ihn über den ebenfalls schön gelegenen Droste-Hülshoff-Weg, der ungefähr 100 Meter nördlich der Altstadt von der Daisendorfer Straße nach links abzweigt. Das idyllisch in einem großen Garten gelegene Glaserhäusle aus dem 18. Jahrhundert wurde bereits von Annette von Droste-Hülshoff als »Schenke am See« beschrieben und im Jahr 1909 von

■ **Märchenkulisse: die Schlossmühle.**

dem Philosophen Fritz Mauthner (1849–1923) und der Schriftstellerin Harriet Straub (1872–1945) erworben. Mauthner zählte um die Jahrhundertwende zu den bekanntesten und bedeutendsten Publizisten der deutschen Literatur, seine Frau Harriet promovierte als eine der ersten Frauen in Medizin an der Pariser Sorbonne und arbeitete als Ärztin in Nordafrika. Das Paar beschloss nach der Heirat, sein Leben im verträumten Meersburg nun in etwas ruhigere Bahnen zu lenken. Das urige Heim wird heute privat genutzt und kann nur von außen besichtigt werden. Ein Besuch lohnt sich aber allein schon wegen der herrlichen Lage und des Spazierwegs mit schöner Aussicht oberhalb des Rebhangs. Ein attraktiver Ort der Entspannung und Erholung ist auch die Meersburg-Therme am östlichen Ende der Seepromenade (siehe Anhang Informationen A–Z).

Anfahrt mit öffentlichen Verkehrsmitteln

Man erreicht Meersburg am besten von Konstanz/Staad aus mit der Autofähre. Die Fahrtdauer beträgt ungefähr 15 Minuten. Man benötigt dazu kein Fahrzeug. Die Überfahrt ist für Fußgänger billiger als die Überfahrt mit dem Auto. Zudem sind Parkplätze in Meersburg teuer und vor allem an den Wochenenden rar. Der Meersburger Fährhafen ist wenige Minuten von der Altstadt entfernt und fußläufig gut erreichbar. Die Buslinien 1, 11 und 15 fahren den Fährhafen Staad direkt an.

Schloss Arenenberg mit den Gärten der Familie Bonaparte

Rund acht Kilometer westlich von Konstanz liegt oberhalb des schweizerischen Ermatingen eine besondere Kostbarkeit: das Schlösschen Arenenberg mit den Gärten der Familie Bonaparte. Die Anlage bietet einen wunderschönen Blick auf den Untersee, die Höri, den Hegau und Konstanz. Die rund zwölf Hektar große Parkanlage wurde im 19. Jahrhundert durch die holländische Königin und Tochter Napoleons I., Hortense de Beauharnais, im Stil eines englischen Landschaftsgartens angelegt. Im Park warten neben schönen Aussichtspunkten

■ **Juwel über dem See: Schloss und Park Arenenberg.**

einige Besonderheiten wie die Eremitage, eine kleine Einsiedelei, und ein von zwei Satyrn flankierter Aussichtspavillon auf ihre Entdeckung.

Auch das Schloss selbst, bekannt als »Napoleon-Schlösschen«, sollte man sich nicht entgehen lassen. Obwohl Napoleon I. selbst nie auf dem Arenenberg war, ist das Schloss doch eng mit ihm verbunden. Weil seine Ehe mit Josephine kinderlos blieb, adoptierte er die Kinder aus der ersten Ehe seiner Frau: Eugène und Hortense. Später sorgte er dafür, dass Hortense die Frau seines Lieblingsbruders Louis, damals König von Holland, wurde und verfügte, dass deren Kinder später den französischen Thron besteigen sollten. Nach der endgültigen Niederlage Napoleons kam es jedoch zur Verbannung der gesamten Familie Bonaparte aus Frankreich. Während die meisten Familienmitglieder nach Italien flüchteten, ließ sich Hortense in Konstanz nieder. Nach ihrer Ankunft schrieb sie 1815 über die Stadt am See: »Das Aussehen dieser traurigen Häuser, die Einsamkeit der menschenleeren Straßen, die Ruhe, die zu herrschen schien, zeigten mir Konstanz zunächst wie einen abgeschiedenen Ort auf der Welt. Die Stille nach so vielen Aufre-

■ **Südländische Impressionen: Blick vom Arenenberg auf den Untersee.**

gungen, die Abgeschiedenheit nach so vielen gegen mich aufgebrachten Leidenschaften, alles gefiel mir und versprach mir hier diese Erholung, die stets vor mir floh.« Sie erwarb das Schloss Arenenberg, das im 16. Jahrhundert von dem Konstanzer Bürgermeister Sebastian Geissberg erbaut worden war, ließ es nach ihrem Geschmack umbauen und machte es später zu ihrem Hauptwohnsitz. Ihr jüngster Sohn, Charles Louis Napoléon Bonaparte, der spätere französische Kaiser Napoleon III., verbrachte einen Großteil seiner Kindheit und Jugend auf dem Schloss. Während seiner Regierungszeit erwarb er das Schloss Arenenberg wieder, nachdem es die Familie zuvor verkauft hatte, und ließ es in den Zustand zurückversetzen, den er in Erinnerung hatte. Heute befindet sich darin das Napoleonmuseum, das alljährlich Besucher aus ganz Europa anzieht. Zweimal jährlich finden wechselnde Sonderausstellungen statt. Im nahe gelegenen Bistro besteht die Möglichkeit, für das leibliche Wohl zu sorgen.

Anfahrt mit öffentlichen Verkehrsmitteln

Mit dem Zug nach Kreuzlingen oder am besten direkt vom Bahnhof Kreuzlingen oder Bahnhof Kreuzlingen-Hafen aus mit der S3 und S8 Richtung Schaffhausen bis Ermatingen und von dort mit dem Bus (Postauto, Linie 833) nach Arenenberg. Die Bushaltestelle dafür befindet sich direkt vor dem Bahnhof Ermatingen. Bei diesem Ausflug bietet es sich auch an, unterwegs einen Besuch in dem malerischen Ort Gottlieben zu machen, der auf derselben Strecke liegt (siehe Ausflug D). Mit dem Pkw: Über die Grenze in die Schweiz nach Süden und dann den Schildern in Richtung Ermatingen, Schaffhausen folgen. Am Ortsende von Ermatingen geht es links ab nach Salenstein, und man erreicht über die Arenenbergstraße Schloss und Park.

AUSFLUG D

Gottlieben – kleiner, aber feiner Ort mit Weltgeschichte

Das kleine Gottlieben liegt im Kanton Thurgau rund vier Kilometer westlich von Konstanz. Durch seine malerische Lage am Rheinufer mit den hübschen Fachwerkhäusern und dem alten Schloss ist es einer der schönsten Orte in der Region. Die unter Denkmalschutz

stehenden Gebäude »Drachenburg« und »Waaghaus« gehören dabei zu den beeindruckendsten Fachwerkgebäuden.

Beim Anblick des verträumten Ortes würde heute keiner mehr vermuten, dass Gottlieben einst ein wichtiger Schauplatz der Weltgeschichte war.

Seine Gründung geht auf eine Wasserburg, das heutige Schloss Gottlieben, zurück, die der Konstanzer Bischof Eberhard II. von Waldburg 1251 erbauen ließ. Die Geschichte der imposanten Bischofsburg war immer eng mit der von Konstanz verknüpft. Zur Zeit des Konstanzer Konzils saß hier der Reformator Jan Hus eingekerkert im westlichen Burgturm, und dieses Schicksal teilte bald darauf der abgesetzte Papst Johannes XXIII. mit ihm. Wenige Jahre später wurde es hier dem Konstanzer Bischof durch die Bauernkriege und dem sich ausbreitenden reformatorischen Gedankengut zu gefährlich; er verließ 1526 endgültig seine Gottliebener Burg und rettete sich nach Meersburg. Kurze Zeit später wurde Gottlieben evangelisch.

Nach dem Tod seiner Mutter Hortense de Beauharnais suchte Prinz Charles Louis, der spätere französische Kaiser Napoleon III., nach einem alternativen Wohnsitz zu seinem Schloss Arenenberg (siehe Ausflug C). Er entschied sich für das alte Schloss Gottlieben am Rheinufer, wo er jedoch nur für kurze Zeit weilte. Im 19. Jahrhundert wurde das Schloss im neogotischen Stil umgebaut und dabei Maßwerkfenster aus dem 1824 abgebrannten Kreuzgang des Konstanzer Münsters verwendet. Das malerische Schloss befindet sich in Privatbesitz und kann nicht besichtigt werden. Im Ort selbst mit seinen schönen Fachwerkhäusern existierte von Ende 19. bis Anfang 20. Jahrhundert eine Künstlerkolonie, die der Schriftsteller Emanuel von Bodman (1874–1946) initiiert

Zauberhaftes Nest Gottlieben mit dem Waaghaus (links).

■ **Blickfang mitten im Ort: die Drachenburg.**

hatte. Sein Haus war Treffpunkt vieler Künstler und Schriftsteller wie Heinrich Ernst Kromer, Richard Dehmel, René Schickele, Wilhelm von Scholz, Rainer Maria Rilke, Ludwig Finckh, Ludwig Klages, Hermann Hesse und später auch Thomas Mann. Das »Bodman-Haus« am Dorfplatz 1 fungiert heute als Literaturhaus und bietet Lesungen, Vorträge und Ausstellungen an. Es ist zudem Sitz der Thurgauischen Bodman-Stiftung. Emanuel von Bodmans Arbeitszimmer kann im Originalzustand besichtigt werden.

Anfahrt

Gottlieben ist über den Uferweg »Rheinweg« gut mit dem Fahrrad oder auch zu Fuß erreichbar. Man überquert am Ende der Gottlieber Straße beim »Hotel Trompeterschlössle« die Grenze und folgt auf der Schweizer Seite kurz der Konstanzer Straße. Nach ungefähr 200 Metern führt auf der rechten Seite ein ausgeschilderter Wanderweg hinunter zum Rheinufer. Von dort sind es noch rund zwei Kilometer bis Gottlieben. Wir kommen hierbei durch das Tägermoos. Das zur Schweiz gehörende Gebiet war immer eng mit der Geschichte der Stadt Konstanz verflochten. Konstanz besitzt dort heute noch einen Großteil der Fläche und hat besondere Rechte. Gottlieben ist auch mit dem Pkw oder bequem mit den Schiffen der »Weißen Flotte« vom Konstanzer Hafen erreichbar. Eine direkte Busverbindung zwischen Konstanz und Gottlieben existiert nicht.

Hohentwiel – Vulkanschlot und Festungsberg

Wer vom Bodensee nach Westen schaut, dem fallen sofort die imposanten Hegau-Vulkankegel mit ihren eigenwillig-bizarren Formen auf. Der am nächsten gelegene Kegel ist der Hohentwiel bei Singen. Nähert man sich dem Berg, so erkennt man oben die Ruinen einer Festungsanlage, die heute als die größte Deutschlands gilt. Die mäch-

Früher uneinnehmbar, heute Ruine: Festung Hohentwiel.

tigen Außenmauern, die imposanten Turmstümpfe, die Kasematten und die zahlreichen Häuserruinen lassen heute noch spüren, wie gewaltig dieses Bollwerk im 18. Jahrhundert gewesen sein muss, als es noch als uneinnehmbar galt.

Begeben wir uns auf eine kurze Zeitreise: Die Geschichte des Hohentwiels reicht weit zurück. Seine heutige Form erhielt der 686 Meter hohe Phonolith-Vulkanschlot aus dem Miozän während der Eiszeiten, als die Gletscher aus den Alpen den Schlotpfropfen von der Tuffdecke befreiten. Nach frühen Besiedlungen während der Jungstein- und Keltenzeit begann die Geschichte der Burg um das Jahr 914, als schwäbische Adlige das »castellum tuiel« auf der Bergkuppe erbauen ließen. Bereits ein Jahr später versuchte König Konrad I., die Burg einzunehmen, was ihm jedoch nicht gelang. In der Folgezeit entwickelte sich der Hohentwiel unter Herzog Burkhard III. zu einem Machtzentrum. Gemeinsam mit Herzogin Hadwig gründete er das Bergkloster St. Georg. Rund 900 Jahre später schrieb Joseph Viktor von Scheffel an der heutigen »Scheffellinde« bei der alten Remise darüber seinen berühmten historischen Roman »Ekkehard«. In den darauffolgenden Jahrhunderten wechselte die uneinnehmbare Festung mehrmals ihren Besitzer und wurde ab dem 16. Jahrhundert württembergisch. 1521 erwarb Herzog Ulrich das Nutzungsrecht für den Hohentwiel und ließ die Burg durch den württembergischen Baumeister Heinrich Schickhardt zu einer Landes-

■ **Blick durch den Torbogen zum Hohenkrähen.**

Aussichtsparadies Hohentwiel.

festung ausbauen. In der Folgezeit wurden immer weitere Gebäude und Festungsanlagen errichtet.

All diese Befestigungen nützten den letzten Kommandanten des Hohentwiel jedoch nichts mehr, als sie um 1800 vom französischen General Vandamme zur Übergabe gezwungen wurden. Die Württemberger mussten die Festung räumen, die dann auf Befehl Napoleons gründlich zerstört wurde. Zurück blieb eine überwältigende Ruinenlandschaft, die noch heute jeden Besucher beeindruckt. Der lange als württembergische Exklave in Baden zu Tuttlingen gehörende Berg wurde 1969 nach Singen eingegliedert und somit badisch. Heute steht der gesamte Hohentwiel mit seiner artenreichen Flora und Fauna unter Naturschutz. Man kann auch auf dem gut ausgeschilderten »Vulkanpfad« mit vielen Infotafeln und dem höchstgelegenen deutschen Weinberg eine drei Kilometer lange Rundwanderung um den Hohentwiel unternehmen.

Anfahrt mit öffentlichen Verkehrsmitteln

Der Hohentwiel ist von Konstanz aus direkt mit der Bahn (»Seehas«) erreichbar. Man steigt an der Haltestelle »Singen-Landesgartenschau« aus und kann von dort die Festungsanlage über die Schaffhausener Straße und die Hohentwielstraße ersteigen. Mit dem Pkw Anfahrt über die B 33 und B 34. Von Singen führt eine Fahrstraße hoch bis zur Domäne, wo sich die Parkplätze und das Hotel-Restaurant Hohentwiel befinden. Tickets zur Besichtigung muss man in der Remise der Domäne lösen. Von hier erreicht man per pedes in ungefähr 20 Minuten den rund 60 Meter höher liegenden Ruineneingang am Eugentor.

AUSFLUG F

Katamaranausflug zur Zeppelinstadt Friedrichshafen

Ein besonderes Erlebnis ist ein Katamaranausflug nach Friedrichshafen.

Das Zeppelin-Museum im Friedrichshafener Hafenbahnhof beherbergt die weltgrößte Sammlung zur Luftschifffahrt und widmet sich auch der Verbindung von Technik und Kunst. Anhand einer Fülle von Originalexponaten, Modellen und Fotos werden die Besucher umfassend über die faszinierende Geschichte der Luftschifffahrt informiert. Im zweiten Teil des Museums führt die Kunstsammlung Werke aus dem gesamten Bodenseeraum vom Mittelalter bis in die Neuzeit zusammen. Hö-

Wichtige Schiffsverbindung: Katamaran.

Außenansicht Zeppelin-Museum.

hepunkte sind sicher die Bilder von Otto Dix und Max Ackermann.

Im 2009 eröffneten Dornier-Museum wird die Geschichte der Luft- und Raumfahrt in Verbindung mit den Erfindungen und Innovationen von Claude Dornier dargestellt. Besucher finden hier Informationen über politische, wirtschaftliche und soziale Zusammenhänge im zeitgeschichtlichen Kontext. Im Museum werden zahlreiche historische Flugzeuge sowie Teile eines originalen »Spacelab« ausgestellt.

Wer heute durch Friedrichshafen schlendert, vermutet vielleicht, dass es sich hier um eine junge Industriestadt handelt. Sehenswerte Altbauten außer der barocken Kirche St. Andreas mit den auffälligen Zwiebeltürmen sucht man wie die sprichwörtliche Stecknadel im Heuhaufen. Dabei hat die Hafenstadt am nördlichen Bodensee-Ufer eine bewegte Geschichte hinter sich. Friedrichshafen entstand 1811 durch den Zusammenschluss der ehemaligen Freien Reichsstadt Buchhorn mit dem nahen Dorf und Kloster Hofen. Namenspate für das nun württembergische Städtchen war der erste württembergische König Friedrich I., der hier seinen Bodenseehafen gründete. Friedrichshafen war von Anfang an eine aufstrebende Gewerbe- und Industriestadt, da sie einen privilegierten Freihafen und Warenumschlagplatz für den Handelsverkehr mit der Schweiz besaß. Das 1802/03 aufgelöste Kloster Hofen wurde königliches Schloss und Sommerresidenz der württembergischen Könige, St. Andreas wurde evangelische Schlosskirche. In der Folgezeit prägte vor allem das Wirken von Ferdinand von Zeppelin die Industrialisierung der Hafenstadt. Der Konstanzer Graf siedelte hier Ende des 19. Jahrhunderts die Produktion seiner berühmten »fliegenden Zigarren«, der Zeppeline, an. Im

Innenansicht Zeppelin-Museum.

Jahr 1900 erhob sich der 128 Meter lange »LZ1« zum ersten Mal in die Lüfte.

Ein weiterer Motor für die wachsende Industrialisierung Friedrichshafens war der aus Bissingen an der Enz stammende Wilhelm Maybach, dessen Luftfahrzeug-Motorenbau GmbH (heute MTU) 1912 nach Friedrichshafen übersiedelte, um mit den Zeppelin-Werken zusammenzuarbeiten. Eine bahnbrechende Erfindung des Ingenieurs Max Maag, welche die Herstellung von Zahnrädern mit mathematischer Präzision ermöglichte, führte im Jahr 1915 zur Gründung der Zahnradfabrik Friedrichshafen (ZF) und verbesserte die Technik der Starrluftschiffe.

Mit dem Luftschiffbau ging es stetig bergauf. 1912 beschäftigte der Zeppelin-Konzern rund 200 Mitarbeiter, von denen die meisten in der neuen Werkssiedlung »Zeppelin-Dorf« lebten. Während des Ersten Weltkrieges wurden viele der relativ lautlosen Zeppeline zu Kriegszwecken eingesetzt, was der Luftschiffproduktion weiteren Auftrieb gab. 1923 entstand eine weitere wichtige Firma in Friedrichshafen, die Dornier Metallbauten GmbH, ab 1938 Dornier-Werke. Die zunächst innerhalb der Zeppelin-Werke gegründete und von Claude Dornier geleitete Abteilung für Entwicklung und Bau von Flugzeugen und Flugbooten wurde selbstständig und der boomende Betrieb von Dornier gründete bald überall neue Zweigwerke. Die Produktion und Verwendung von Verkehrsluftschiffen wurde 1937 nach dem katastrophalen Unglück des in Brand geratenen Luftschiffs »Hindenburg« in den USA mit 36 Toten für lange Zeit eingestellt. Während des Zweiten Weltkrieges existierten in Friedrichshafen vier große Rüstungsbetriebe: die Luftschiffbau Zeppelin GmbH, die nun vor allem Radar-,

Peilanlagen und Fallschirme fertigte, die Maybach-Motorenbau GmbH, die Zahnradfabrik AG und die Dornier-Werke GmbH. Da männliche Arbeitskräfte im Krieg rar waren, war die Stadt voll mit in Lagern untergebrachten Zwangsarbeitern. Ab 1943 betrieb das KZ Dachau hier ein Außenlager mit 1200 Häftlingen. Friedrichshafens kriegsbedingter Aufschwung führte schließlich durch den von den Nationalsozialisten entfesselten totalen Krieg zu seiner beinahe vollständigen Vernichtung durch alliierte Luftangriffe.

Wer sich für die Stadt Friedrichshafen und ihre Geschichte interessiert, dem seien der drei Kilometer lange Geschichtspfad und der zwölf Kilometer lange Zeppelin-Pfad empfohlen. Der Geschichtspfad verläuft mit 50 Informationstafeln vom Hafenbahnhof über die Hofener Schlosskirche bis zum Stadtbahnhof und vermittelt interessante Einblicke in das im Krieg verloren gegangene Stadtbild. Als Ergänzung zum Geschichtspfad können Sie sich auch den Maybach-Weg ansehen. Er erläutert an zwölf Stationen im Stadtgebiet mit Schautafeln die Leistungen des Motoren- und Automobilkonstrukteurs Karl Maybach.

Der 2008 eröffnete Zeppelin-Pfad dokumentiert an neun Stationen wichtige Aspekte der Friedrichshafener Stadt- und Industriegeschichte, in deren Mittelpunkt die Geschichte der Zeppelin-Werke steht. Der Pfad beginnt am westlichen Stadtrand bei der Ziegelei Grenzhof und führt unter anderem über das geschichtsträchtige Industriegelände im westlichen Stadtteil Manzell, wo sich früher die Luftschiffhalle für die Zeppeline befand.

Infos zum Katamaran

Die Katamaran-Linie verbindet die beiden Bodensee-Städte Konstanz und Friedrichshafen im Stundentakt. In knapp 50 Minuten erreichen »Constance«, »Fridolin« oder »Ferdinand« ihr Ziel in unmittelbarer Nähe zu den Innenstädten. Die Konstanzer Anlegestelle befindet sich direkt bei der »Imperia«.

Zeppelin beim Flug über Konstanz.

ANHANG

Informationen von A–Z

WICHTIGE ADRESSEN UND HINWEISE

Tourist-Information Konstanz
Bahnhofplatz 43 (Bahnhof)
78462 Konstanz
Telefon: 07531 1330-30
Fax: 07531 1330-60
Weitere Infos: www.konstanz-tourismus.de mit ausführlichen Informationen über die Freizeit- und Übernachtungsmöglichkeiten, mit Online-Buchungsservice von Konstanz und Umgebung.
Öffnungszeiten: April–Okt.: Montag–Freitag 9–18.30 Uhr, Samstag 9–16 Uhr, Sonntag 10–13 Uhr, Nov.–März: Montag–Freitag von 9.30–18 Uhr.

Stadtverwaltung Konstanz
Kanzleistraße 13/15
Telefon: 07531 900-0
www.konstanz.de/rathaus/stadtverwaltung

Bürgeramt (mit Fundamt), Bürgerbüro
Untere Laube 24
Telefon: 07531 900-0

Bodensee-Erlebniskarte
Damit haben Sie beliebigen Zugang zu über 160 Freizeit-Attraktionen am Bodensee – vom Museum bis zum Thermalbad, vom Tiergarten bis zum Schloss. Sie können Kanus mieten, in Freizeitparks gehen, mit den weißen Schiffen auf dem Bodensee fahren und mit Bahnen in die Berge gondeln. Alle Infos finden Sie unter www.bodensee.eu.

BIBLIOTHEKEN

Stadtbücherei im Kulturzentrum am Münsterplatz
Wessenbergstraße 39, Öffnungszeiten: Dienstag–Freitag 10–18.30 Uhr, Samstag 10–14 Uhr.
Telefon: 07531 900-953
Weitere Infos: www.konstanz.de/stadtbuecherei

Kommunikations-, Informations-, Medienzentrum (KIM) – Universitätsbibliothek
Universitätsstraße 10, Öffnungszeiten: Montag–Sonntag durchgehend. Sie kann von jedem genutzt werden. Auch die berühmte Wessenberg-Bibliothek ist Teil der Universitätsbibliothek.
Telefon: 07531 88-2871
Weitere Infos: www.kim.uni-konstanz.de

Hochschulbibliothek der HTWG Konstanz
Brauneggerstraße 55, Öffnungszeiten: Montag–Donnerstag 9–22 Uhr, Freitag 9–19 Uhr, Samstag und Sonntag 10–19 Uhr, während der Semesterferien Montag–Freitag 9–13 Uhr, Samstag und Sonntag geschlossen.

Sommerabend am Gondelhafen: Blick zur Imperia.

Telefon: 07531 206-0
Weitere Infos: www.htwg-konstanz.de/Bibliothek.78.0.html

Dr.-Erich-Bloch-und-Lebenheim-Bibliothek (Jüdische Bibliothek)
Sigismundstraße 19, Öffnungszeiten: in der Regel jeden 1. und 3. Montag im Monat von 16–18 Uhr.
Telefon: 07531 88-4176.
Weitere Infos: www.bsz-bw.de/eu/blochbib

BOOTSVERLEIH

Marc Fluck Bootsvermietung
Gondelhafen, beim Konzilgebäude
Tret-, Ruder- und führerscheinfreie Elektroboote
Telefon: 07541 21746
www.konstanz-tourismus.de/poi/bootsvermietung-marc-fluck.html

CAMPING

Campingplatz Klausenhorn
Hornwiesenstraße 40/41
78465 KN-Dingelsdorf
Telefon: 07533 6372
www.camping-klausenhorn.de
In der Nähe vom Strandbad Klausenhorn, mit Mietunterkünften, mehreren Spielplätzen, Beachvolleyballfeld und Tischtennisplatten, während der ganzen Saison, Mitglied bei Eco-Camping.

Campingplatz Fließhorn
Am Fließhorn 1
78465 KN-Dingelsdorf
Telefon: 07533 5262
www.fliesshorn.de
Idyllisch zwischen Weiher und Bodensee-Ufer im Seepark Fließhorn gelegen, wo sich auch eine Tauchschule und ein Kanuverleih befinden.

Liebevoll dekoriert: Geschäfte und Boutiquen in der Altstadt.

Campingplatz Litzelstetten-Mainau
Großherzog-Friedrich-Straße 43
78465 KN-Litzelstetten
Telefon: 07531 943030
www.konstanz-tourismus.de/poi/campingplatz-litzelstetten-mainau.html
Terrassenförmiger Platz am Strand mit Blick auf die Insel Mainau. Auf die Insel gelangt man zu Fuß in ungefähr 20 Minuten.

DKV-Campingplatz Bodensee
Fohrenbühlweg 45
78464 KN-Staad
Telefon: 07531 33057
www.dkv-camping.de
Rund 30 Meter oberhalb des Strands gelegener Campinglatz. In der Nähe befinden sich eine Surfschule, ein Kanuverleih und das Strandbad Horn. Rund vier Kilometer bis zur Altstadt.

EINKAUFEN IN KONSTANZ: MEHR ALS SHOPPING

Konstanz ist die Einkaufsmetropole am Bodensee und ein Einkaufsbummel in der herrlichen Altstadt ist immer ein besonderes Vergnügen. Viele kleinere und größere Geschäfte mit netten Möglichkeiten für eine gemütliche Kaffeepause lassen unter der Woche keine große Hektik aufkommen. An Wochenenden strömen allerdings Scharen von Einheimischen, Urlaubern und Schweizern zum Shoppen und Flanieren durch die alten Gassen. Da werden die Plätze in Parkhäusern und Cafés schon mal zu heiß begehrten Kostbarkeiten. Die beliebtesten Straßen und Gassen mit Geschäften zum Shoppen sind sicherlich das Gebiet um die Hussenstraße, die Kanzleistraße, die Rosgartenstraße und den Obermarkt. Wer möglichst viele Geschäfte auf engstem Raum haben möchte, geht am besten ins LAGO Shopping-Center mit seinen 70 Fachgeschäften, Kinos und Lokalitäten am östlichen Ende der Bodanstraße. In den winkeligen Gassen und gemütlichen kleinen Plätzen der Altstadt kommt man immer wieder an zauberhaften Läden und Boutiquen vorüber, die den Einkaufsbummel nebenbei auch zu einem kleinen Augenschmaus machen. Viele charmante Kunstgewerbeläden findet man im ältesten Konstanzer Stadtteil, der Niederburg, im nördlichen Teil der Innenstadt.

Ein besonderes Einkaufserlebnis in Konstanz sind die beiden verkaufsoffenen Sonntage, einer im Frühling und einer im Herbst. Hier geben die Konstanzer Einzelhändler ihr Bestes und inszenieren eine wirklich beeindruckende Einkaufsschau. Außerdem findet in den Monaten Mai bis Oktober an jedem ersten Freitag von 18.30 bis 22 Uhr der verkaufsoffene Gassen-Freitag statt.

Geschenke, Kurioses

Blässhuhn – Eine Welt für Geschenke
Gerichtsgasse 6
blaesshuhn-konstanz.de

Ambiente – Antikes + Geschenke
Hussenstraße 39
www.ambiente-konstanz.de
Große Auswahl an Wohnaccessoires, Antikes und Geschenkideen für die unterschiedlichsten Anlässe.

See U – Souvenirs & Gifts
Hussenstraße 13
www.see-u-konstanz.de
Alles um Konstanzer Souvenirs und viele originelle Geschenkideen sowie Produkte der bunten französischen Kultmarke »Pylones«.

REYKJAVIK – nordic lifestyle
Tirolergasse 14
www.nordic-lifestyle.de
Laden für alle Nordlandfans mit Wohnaccessoires, Kleidung, Schmuck, Bücher, Leckereien aus Skandinavien und Island.

Naturkost und Bioläden, Fairer Handel

Alnatura
Münzgasse 4A, Bio-Supermarkt in der Altstadt.

Biotop Naturkost + Naturwaren
Hüetlinstraße 32, der älteste Bioladen von Konstanz liegt in der südlichen Innenstadt.

Denn's Biomarkt
Bodanstraße 19, Biomarkt in der südlichen Innenstadt.

Biowelt
Schneckenburgstraße 4, liegt im Stadtteil Petershausen.

Reginbrot
Münzgasse 16, Biobäckerei in der Altstadt.

Backstüble Zuck & Kaun
Wessenbergstraße 39, Biobäckerei beim Münster.

Wegwarte Naturkost
Chérisy-Straße 3, Naturkostladen mit kleinem Imbiss und Biocafé im C3 am Fürstenberg.

FAHRRADFAHREN

Im Konstanzer Stadtgebiet und besonders entlang des Bodensees gibt es optimale Möglichkeiten für schöne Radtouren. Der Bodensee-Radweg zählt zu den beliebtesten Radwegen Europas. In der Konstanzer Bucht verlaufen die Radwege teilweise nicht direkt am Seeufer, da dort im Sommer viele Spaziergänger und Wanderer unterwegs sind. Die Radwege sind gut ausgeschildert. Fahrräder können auf allen Schiffen der Bodensee-Schiffs-

■ **Nützliches Angebot: »Bakfietsen« zum Ausleihen.**

betriebe, »BSB – die Erlebnisflotte«, den Fähren Konstanz–Meersburg und Friedrichshafen–Romanshorn, im Linienverkehr Überlingen–Wallhausen, dem Katamaran sowie auf der Solarfähre Reichenau–Mannenbach, sofern hier Platz ist, mitgenommen werden. Für große Gruppen empfiehlt sich eine Voranmeldung. Informationen: Bodensee-Schifffahrtsbetriebe GmbH, Telefon: 07531 3640-0, www.bsb.de/fahrraeder.html

FAHRRADVERLEIH

Konstanz:

TINK Bike
Transportfahrräder, die per SMS gemietet werden können. Mietstationen gibt es in der Altstadt, im Paradies und in Petershausen. Voraussetzung ist eine kostenlose Registrierung.
http://tink.bike

Kulturrädle
Fahrradverleih und geführte Radtouren
Bahnhofsplatz 29
Telefon: 07531 27310
www.kultur-raedle.de

Rocco der Fahrradladen
Von-Emmrich-Straße 3 (Petershausen) und Fürstenbergstraße 84 (Fürstenberg)
Telefon: 07531 3697630
oder 07531 78004
www.roccoderfahrradladen.de

Zweirad Wagenknecht
Reichenaustraße 14b
Telefon: 07531 61979
www.zweirad-wagenknecht.net

Auf der Reichenau:

Fahrradverleih Gumbmann
Schiffsanlegestelle
Telefon: 07534 999767

Fahrradverleih Koch
An der Schiffslände 6
Telefon: 07534 377

FESTE UND VERANSTALTUNGEN RUND UMS JAHR

In den Sommermonaten jagt in Konstanz ein Event den anderen, aber auch außerhalb der Hauptsaison wird regelmäßig für Unterhaltsames und Besonderes gesorgt, was die Stadt das ganze Jahr über zu einem begehrten Besuchermagneten macht. Hier sind die wichtigsten jährlichen Veranstaltungen auf einen Blick. Die jeweiligen Termine können von Jahr zu Jahr etwas abweichen. Das jeweils genaue Datum erfahren Sie bei der Tourist-Information Konstanz oder im Internet unter www.konstanz.de/tourismus/veranstaltungen/index.html.

Anfang Mai: **Jazz Downtown**. Zahlreiche Jazzbands spielen ab 19.30 Uhr in vielen Lokalen der Altstadt. Der Erlös geht zugunsten des Konstanzer Hospizvereins. www.jazz-downtown.de

Juni: **Internationale Bodenseewoche, Segelregatta.** An diesen Tagen finden im Konstanzer Stadthafen und in der Konstanzer Bucht neben Regatten klassischer Jachten und moderner Hightech-Rennjachten auch Wasserski-Shows, ein internationales Oldtimer-Treffen sowie unterschiedliche Ausstellungen im Rahmen eines bunten Hafenfestes statt. www.internationale-bodenseewoche.com

Juni: **Großer grenzüberschreitender Flohmarkt.** Auf rund zwölf Kilometer Verkaufsfläche kann man bei gemütlichem Kerzenschein die ganze Nacht in der Konstanzer Altstadt, der Laube und in Teilen von Kreuzlingen nach allerlei Schnäppchen stöbern. Der Flohmarkt beginnt am späten Samstagnachmittag und endet erst in den Nachmittagsstunden des Sonntags. www.flohmarkt-konstanz.de

Publikumsmagnet: Deutsch-Schweizer Oktoberfest.

Ende Juli, Anfang August: **Konstanzer Weinfest.** Das viertägige Wein- und Musikspektakel findet alljährlich auf dem Sankt Stephans-Platz statt. www.weinfest-konstanz.de

August: **Konstanzer Sommernächte.** Rock- und Popmusik, vielfältige gastronomische Gaumenfreuden, ein kreatives Kinderprogramm im Stadtgarten und an der Seeuferstraße ziehen alljährlich Tausende Besucher in die Stadt. Krönender Abschluss ist das Seenachtfest mit dem Feuerwerk. www.sommernaechte.com

August: **Konstanzer Seenachtfest.** Die seit über 60 Jahren stattfindende Veranstaltung am Seeufer hat sich inzwischen zum größten und bekanntesten Fest am Bodensee entwickelt. Highlight ist das grandiose Seefeuerwerk. Auf verschiedenen Bühnen spielt Livemusik. Über 50 Gastronomiestände in weißen Zelten reihen sich wie Perlen an einer Schnur um die Konstanzer Bucht, dazwischen unterhalten Gaukler, Artisten und Straßentheater die Besucher. Das Konstanzer Fest findet immer gemeinsam mit dem Kreuzlinger Seenachtfest statt. www.seenachtfest.com

August: **Kammeroper** im Rathaus-Innenhof von Konstanz. Jedes Jahr findet mitten in der Altstadt in einem der schönsten Renaissance-Innenhöfe von Süddeutschland eine Opern-Inszenierung mit üblicherweise fünf Vorstellungen statt. www.rathausoper.de

Ende August: **Rock am See.** Seit 1985 meist jährlich stattfindendes Ein-Tages-Open-Air-Festival am Bodenseestadion beim Strandbad Horn. www.rock-am-see.de

Mitte September bis Anfang Oktober: **Deutsch-Schweizer Oktoberfest** mit einem Festzelt auf dem Festplatz Klein-Venedig. www.oktoberfest-konstanz.com

Gondelhafen.

Einen Besuch wert: Seeufer-Park mit Schloss Seeburg.

Ende Oktober: **Konstanzer Jazzherbst.** Mehrtägiges, hochkarätiges Jazzfestival, lockt seit über 30 Jahren Musikfreunde auch aus dem weiten Umkreis in die Bodenseestadt. www.jazzclub-konstanz.de

Ende November bis 22. Dezember: **Konstanzer Weihnachtsmarkt.** Stimmungsvoller Budenzauber während der Adventszeit auf der Marktstätte. http://weihnachtsmarkt-amsee.de

GÄRTEN UND PARKS

Stadtgarten
Flanieren auf historischen Steinen: Zahlreiche Ruhebänke oder die abgestuften Kaimauern am Gondelhafen laden zu einem gemütlichen Ruhepäuschen mit Blick auf das Wasser ein. Imbissstände sorgen für Abhilfe beim »kleinen Hunger«.

Seeufer-Park
(CH-Kreuzlingen)
Die 2,5 km lange Seeufer-Anlage zwischen Kreuzlingen und dem Bodensee ist der größte öffentliche Erholungs- und Erlebnispark am Bodensee. Rund um das märchenhafte Schloss Seeburg gibt es weitläufige Grün- und Erholungsflächen mit einigen ökologisch wertvollen Naturschutzgebieten, durch die ein ökologischer Lehrpfad mit interessanten Informationstafeln führt. Weitere Informationen unter: www.kreuzlingen.ch/verwaltung/bauverwaltung/stadtgaertnerei/parkanlagen.html

Blumeninsel Mainau
Die Insel Mainau ist mit jährlich 1,6 Millionen Besuchern ohne Zweifel einer der größten Besuchermagneten des Bodensees. Dank des milden Inselklimas gedeihen hier zahlreiche subtropische und auch tropische

Faszinierend: Palmenhaus auf der Mainau.

Pflanzenarten. Grundstock war das im 19. Jahrhundert durch Großherzog Friedrich I. von Baden angelegte parkähnliche Arboretum mit einem der ältesten Urwelt-Mammutbäume (Metasequoia glyptostroboides) Deutschlands, der 1951 als kleiner Setzling aus China hierher auf die Mainau kam. Das lebende Fossil galt bis dahin als ausgestorben und bildet heute, nach weiteren Pflanzungen, eine ganze Allee. Stolz ist man auch auf die bereits 1864 gepflanzten kalifornischen Riesenmammutbäume (Sequoiadendron giganteum). Zahlreiche weitere Natur-Attraktionen auf der Insel sind gut ausgeschildert. Eine weitere Besonderheit ist das Schmetterlingshaus. Mit seinen 700 bis 1000 bunten Faltern aus rund 80 verschiedenen Arten, die in einer künstlich geschaffenen tropischen Naturlandschaft mit Wasserfall und einem kleinen See umherflattern, ist es das größte in Deutschland. Darüber hinaus gibt es einen Weinlehrpfad und einen italienischen Rosengarten mit rund 500 verschiedenen Rosensorten. Weiterer Höhepunkte sind das Barockschloss, die Schlosskirche St. Marien aus dem 18. Jahrhundert sowie das Palmenhaus mit seinen mehr als 20 Palmenarten. Ständig gibt es saisonale Blütenschauen, Veranstaltungen und Ausstellungen. Mehrere gastronomische Betriebe sorgen für das leibliche Wohl der Besucher. Aktuelle Informationen: Mainau-Servicezentrum, Telefon: 07531 303-0 oder www.mainau.de

GÄSTEPASS

Seit 2007 erhebt die Stadt Konstanz ganzjährig von allen Gästen ab 18 Jahren, die mindestens zwei Nächte in der Stadt verbringen, eine Kurtaxe. Sie wird in der Regel über die Übernachtungsbetriebe bezahlt. Dafür erhält der Gast eine Gästekarte, mit der er freie Fahrt in den von den Stadtwerken betriebenen (roten) Bussen im Stadtgebiet hat. Zudem bekommt der Gast dadurch zahlreiche Ermäßigungen zu touristischen Attraktionen.

GASTRONOMIE – AUSFLUGSLOKALE

Café Restaurant Hörnle
Eichhornstraße 100
Telefon: 07531 3678530
www.strandcafe-hoernle.de
Einfaches, aber beliebtes Ausflugslokal direkt im Strandbad Horn gelegen, mit großem Außenbereich.

Restaurant Seelig
Wilhelm-von-Scholz-Weg 2
Telefon: 07531 36307200
www.restaurantseelig.de
Modernes Restaurant und Café im »Schiffsbug« der Bodensee-Therme mit schöner Außenbewirtschaftung.

Biergarten St. Katharina
St. Katharina
Telefon: 07531 3613667
www.erlebniswald-mainau.de
Lauschiger Biergarten im Mainauwald oberhalb der Universität auf einer Lichtung im Innenhof des ehemaligen Klosters.

Fischerhaus
Promenadenstrasse 52
Telefon: 00(41) 71 688-1877
Kreuzlingen (CH)
http://fischerhaus.ch
Schön gelegenes Lokal mit großer Außenbewirtschaftung direkt am Seeufer, Fischgerichte und andere Leckereien.

GASTRONOMIE – CAFÉS

Café Zeitlos
Sankt-Stephans-Platz 25
Telefon: 07531 189384
www.cafe-zeitlos.net

Biergarten Fischerhaus: Rundblick auf die Konstanzer Bucht.

Gemütliche Frühstücks-Atmosphäre, entspannende Nachmittage beim Milchkaffee oder lange Sonntage beim Brunch im lauschigen Cafégarten sind die Markenzeichen dieses gemütlichen Lokals hinter der Kirche St. Stephan.

Café Rosgarten
Rosgartenstraße 9
Telefon: 07531 24700
http://rosgarten-cafe.de
Kuchen- und Tortenparadies auf zwei Etagen mit gemütlichem Cafégarten. Gediegene Kaffeehaus-Atmosphäre mit großer Auswahl an leckeren Süßwaren aus der hauseigenen Konditorei.

Café Voglhaus
Wessenbergstraße 8
Telefon: 07531 17202
www.das-voglhaus.de
Außergewöhnliches Café im Coffeeshop-Stil mit ausgefallenem Interieur und hohem Qualitätsanspruch in Bezug auf Kaffeebohnen und Zubereitungsniveau. Zwischen den weichen Kuschelkissen in den Fensternischen, den bequemen Sitzsäcken oder auf den Stühlen mitten in der belebten Fußgängerzone schmeckt der ohnehin gute Kaffee noch leckerer.

nikOlala
Hieronymusgasse 6
Telefon: 07531 3632068
www.nikolala.com
Nettes Café mit gemütlicher Wohnzimmer-Atmosphäre in den Räumen der alten Kultkneipe Schmitt's. Zwischen allerlei zum Kauf angebotenem Krimskrams im Vintage-Stil werden heute leckere Kuchen und guter Kaffee serviert.

Café im Osiander
Kanzleistraße 5
Telefon: 07531 2823780
Gemütliches Büchercafé am und im lauschig eingegrünten Innenhof der Buchhandlung.

Lauschige Oase in der Altstadt: Café Zeitlos.

■ **Stilvoll: Seeterrasse des Steigenberger Hotels.**

Pano Brot & Kaffee
Marktstätte 6
Telefon: 07531 3692555
www.pano.coop
Schön gestaltetes Café mit Selbstbedienung. Schöne alte Räume im Erdgeschoss des ehemaligen Nobelhotels Krone. Das Pano-Konzept ist eine Kombination aus Café und Naturkostbäckerei. Sitzplätze sind teilweise Mangelware.

Seeterrasse des Steigenberger Inselhotels
Auf der Insel 1
Telefon: 07531 1250
www.steigenberger. com/Hotels/
Bei schönem Wetter sicher einer der schönsten Orte, seinen Kaffee und Kuchen zu genießen.

Stadtkind
Brauneggerstraße 31
www.stadtkind-konstanz.de
Das gemütliche Stadtkind bietet täglich frische Backwaren, leckeren Kaffee, Kuchen, bunte Frühstücksvariationen sowie liebevoll zubereitete Mittagssnacks. Der Geheimtipp im Stadtteil Paradies.

GASTRONOMIE – GARTENLOKALE UND BIERGÄRTEN

Die meisten Konstanzer Lokale haben während der Sommermonate an schönen Tagen bewirtschaftete Außenbereiche. Besonders auf dem herrlichen Münsterplatz, dem Bodanplatz, an der neuen Promenade am Rheinufer und im Hafengelände gibt es viele schöne Möglichkeiten, draußen zu sitzen.

Stromeyer – Die Bleiche
Bleicherstraße 8
Telefon: 07531 9422860
www.stromeyer-die-bleiche.de
Schön am Seerheinufer gelegenes Lokal mit guter Küche. In den gepflegten Gasträumen und dem großen Biergarten gibt es täglich Mittagsbuffet und eine Saisonkarte.

Links: Beliebter Treff im Paradies: Stadtkind. Rechts: Urlaubsgefühle garantiert: »Dolce Vita« in der Hafenmeile.

Brigantinus
Reichenaustraße 15
Telefon: 07531 457280
www.brigantinus.de
Schickes Restaurant in einem ehemaligen Fabrik-Areal mit großer Terrasse am Seerhein. Daneben der lauschige Biergarten mit Selbstbedienung um einen großen Baum.

Hafenhalle
Hafenstraße 10
Telefon: 07531 21126
www.hafenhalle.com
Direkt am See und Jachthafen gelegen, bietet die Hafenhalle die einzigartige Atmosphäre eines Biergartens mit südlichem Flair und Seeblick. An lauen Sommerabenden manchmal ziemlich überfüllt mit vielen Gästen in Partylaune. Es gibt verschiedene Sorten Bier und eine Speisekarte mit zahlreichen regionalen und internationalen Gerichten.

Hafenmeisterei
Hafenstraße 3
Telefon: 07531 3697212
http://hafenmeisterei.de
Moderne Location in der alten Hafenmeisterei, stilvoll eingerichtetes Restaurant, Café, Vinothek und Lounge mit großer Außenbewirtschaftung direkt am Seeufer. Italienische Küche.

Rheinterrasse
Spanierstraße 5
Telefon: 07531 56093
http://rheinterrasse-kn.de
Das beliebte Café-Restaurant Rheinterrasse bietet auf seiner großen Terrasse rund ums Gebäude viele Plätze mit genialem Ausblick. Es werden verschiedene Gerichte aus heimischer und internationaler Küche angeboten. Nebenbei ist auch das modern gestaltete Rondellinnere ganz behaglich. Er verwandelt sich zu fortgeschrittener Zeit in eine »loungige« Bar mit angenehmer Atmosphäre.

Seekuh
Konzilstraße 1
Telefon: 070531 27232
www.seekuh.de
Gemütliche Gaststätte mit lauschigem Biergarten unter großen Kastanienbäumen in zentraler Lage. Das Publikum ist im Schnitt eher studentisch und die Küche italienisch angehaucht.

GASTRONOMIE – REGIONALE BADISCHE KÜCHE

Altstadt:

Brauhaus Johann Albrecht
Konradigasse 2
Telefon: 07531 25045
http://konstanz.brauhaus-joh-albrecht.de
Großes Restaurant in der Niederburg mit hausgebrauten Bieren und leckeren, zünftigen Gerichten. Die kupfernen Braukessel befinden sich direkt im Gastraum.

Café & Restaurant Wessenberg
Wessenbergstraße 41
Telefon: 07531 919664
www.wessenbergcafe.de
Schickes Restaurant mit schöner Außenbewirtschaftung in einem historischen Innenhof. Neben einer großen Auswahl an Weinen bietet das Lokal eine moderne, kreative Küche mit Einflüssen aus dem Mittelmeerraum und der asiatischen Küche. Sonntagsbrunch.

Konzil-Gaststätte Patronentasche
Hafenstraße 2
Telefon: 07531 21221
www.konzil-konstanz.de
Großes Restaurant im historischen Konzilgebäude. In den geräumigen Gastsälen und dem großen Außenbereich werden badische und internationale Gerichte serviert. Eine Besonderheit ist die ebenfalls angebotene Hildegard-von-Bingen-Kost nach Dr. Strehlow.

Traumlage: Café-Restaurant Rheinterrasse am Seerhein.

Papageno
Hüetlinstraße 8a
Telefon: 07531 368660
www.restaurant-papageno.net
Gehobenes Gourmetrestaurant beim Bodanplatz. Schöne Räumlichkeiten, Küche mit einer Mischung an französisch-mediterranen und österreichischen Gerichten. Mittagstische.

Münsterhof
Münsterplatz 3
Telefon: 07531 3638427
www.muensterhof-konstanz.de
Gutbürgerliche Gaststätte und Café direkt am Münster mit regionaler und internationaler Speisekarte, günstige Mittagsgerichte.

San Martino
Bruderturmgasse 3
Telefon: 07531 2845678
www.san-martino.net
Exklusives Restaurant an der alten Stadtmauer. Schönes Ambiente zwischen alten Mauersteinen. Gehobene Gourmetküche mit internationalen Gerichten. Zwei Außenterrassen und Lounge Bar.

Zur Wendelgard
Inselgasse 5
Telefon: 07531 917488
www.zur-wendelgard.de
Gemütliche, etwas rustikale Wirtsstube in der Niederburg mit Außenbewirtschaftung. Kleine gutbürgerliche Speisekarte mit eher bodenständigen, regionalen und mediterranen Gerichten.

Tolle Knolle
Bodanplatz 9
Telefon: 07531 17575
www.tolle-knolle.de
Freundliches und beliebtes Restaurant mit schöner Außenbewirtschaftung am Bodanplatz. Der Name ist Programm, denn die Küche hat sich ganz der Kartoffel verschrieben, sei es als Beilage oder Hauptgericht.

Urig: Wirtshäuser und Weinstuben in der Niederburg.

Links: Grenznah – Zum Pfannkuchen. Rechts: Mondän und gut – Ophelia an der Seepromenade.

ess/bar
Bahnhofstraße 15
Telefon: 07531 8043475
www.essbar-konstanz.de
Beliebte Esslocation mit einer kreativen Küche und vielen leckeren Gerichten. Beliebte Mittagstische. Auch abends immer viel los.

Wallgut
Schottenstraße 33
Telefon: 07531 23907
www.ehmann-systems.de/wallgut
Nettes Restaurant mit gutbürgerlicher Küche im Stadtteil Paradies. Es werden hauptsächlich frische Zutaten aus der Region und der jeweiligen Saison verwendet. Gemütlicher Gastraum mit schöner Außenbewirtschaftung.

Zum Pfannkuchen
Hüetlinstraße 39
Telefon: 07531 27350
http://zum-pfannkuchen-konstanz.xregional.de
Wie der Name dieses gemütlichen Lokals nahe der Schweizer Grenze leicht verrät, dreht sich in diesem Restaurant fast alles um Pfannkuchen. Ob herzhaft oder süß – beide Geschmacksvarianten füllen mehrere Seiten der Speisekarte.

Am Seeufer

Gourmetrestaurant Ophelia
Seestraße 25
Telefon: 07531 36309-0
www.restaurant-ophelia.de
Sterne-Restaurant im schönen Ambiente einer alten Jugendstilvilla des Hotels Riva. Hervorragende Küche mit modern interpretierter Haute Cuisine. Der ideale Ort, um sich und seinen Gaumen verwöhnen zu lassen.

Restaurant Seelig
siehe Ausflugslokale

Am Seerheinufer

Constanzer Wirtshaus
Spanierstraße 3
Telefon: 07531 3630130
www.constanzer-wirtshaus.de
Schön gestaltetes Restaurant im ehemaligen Offizierskasino aus der Kaiserzeit, mit großem Wintergarten und herrlichem Biergarten am Seerhein. Gutbürgerliche Wirtshausküche.

■ **Behaglich am Wasser: Biergarten des Constanzer Wirtshauses.**

Holly's
Reichenaustraße 19a
Telefon: 07531 1273116
http://hollys.de
Amerikanische Küche mit vielen leckeren Burgern, Currys, Suppen und mehr, schönes Ambiente und große Terrasse.

Staad

Gasthof zur Traube
Fischerstraße 4
Telefon: 070531 31317
www.gasthof-konstanz.de
Traditionsgaststätte mit schönem Biergarten zum See hin. Reichhaltige Speisekarte mit leckeren badischen und schwäbischen Gerichten.

Staader Fährhaus
Fischerstraße 30
Telefon: 07531 3616763
www.staaderfaehrhaus.de
Schön am See gelegenes Restaurant mit hervorragender regionaler und mediterraner Küche. Regionale Zutaten, oft in Bioqualität. Gemütliche Seeterrasse unter Platanen.

GASTRONOMIE – INTERNATIONALE KÜCHE

Indisch

Maharani
Konradigasse 1
Telefon: 07531 20290
http://maharani-konstanz.de
Das Maharani ist ein gemütliches indisches Restaurant im Norden der Altstadt mit vielen leckeren indischen Gerichten.

The Rambagh Palace
Brückengasse 1
Telefon: 07531 25458
www.rambagh-palace.de
Indisches ayurvedisches Restaurant im wunderschönen Ambiente der ehemaligen Kirche St. Johann. Farbenfroh gestaltet mit einer großen Auswahl an guten indischen Gerichten.

Sitara
Paradiesstraße 7
Telefon: 07531 9189941
www.sitara-restaurant.de
Beliebtes indisches Restaurant am Westrand der Altstadt mit einer großen Auswahl an feinen indischen

Gerichten. Besonderes Ambiente mit Stuckdecke und dunklen indischen Holzmöbeln.

Italienisch

Pinocchio
Untere Laube 47
Telefon: 07531 15777
www.pinocchio-konstanz.de
Schönes italienisches Restaurant mit Biergarten am westlichen Rand der Altstadt. Spezialitäten sind unter anderem die hausgemachten Ravioli und Gerichte aus der Toskana und dem Piemont. Freundliche Atmosphäre.

Il Boccone
Bodanstraße 20–26
Telefon: 07531 2846744
www.ilboccone.de
Trendiges italienisches Restaurant, große, schick gestylte Gasträume auf zwei Ebenen und schöner Außenbereich. Große Auswahl an guten Gerichten. Hier ist immer viel los.

Casablanca
Marktstätte 15
Telefon: 07531 16652
www.casablanca-kn.de
Vor allem bei Touristen beliebtes italienisches Lokal direkt beim Kaiserbrunnen. Der große Außenbereich auf der wuseligen Marktstätte ist bei schönem Wetter gut besucht. Reichhaltige Speisekarte mit zahlreichen Salaten, Pasta-, Pizza-, Fleisch- und Fischgerichten.

La Cucina
Zogelmannstraße 5
Telefon: 07531 23385
www.wiesentaeler-hof.de
Das italienische Restaurant im Stadelhofener Wiesentäler Hof mit netter

Staader Fährhaus.

Außenbewirtschaftung bietet eine reichhaltige Speisekarte mit guten italienischen Gerichten.

La Piazza
Marktstätte 2
Telefon: 07531 917927
www.lapiazza-kn.de
Modernes italienisches Restaurant an der belebten »Piazza Marktstätte«. Reichhaltige Speisekarte mit leckeren Gerichten und netter Außenbereich.

Hafenmeisterei
Hafenstraße 3
Telefon: 07531 3697212
http://hafenmeisterei.de
Moderne Location in der alten Hafenmeisterei am Konstanzer Hafen, mit italienischer Küche, Vinothek, Café mit Lounge, große Außenbewirtschaftung direkt am See.

Orientalisch

Restaurant »Le Marrakech«
Bahnhofplatz 6
Telefon: 07531 121-0
www.hotel-halm.de/de/restaurant-maurischer-saal
Exklusives Restaurant im Maurischen Saal des Hotels Halm. In prachtvollem orientalischem Ambiente werden leckere marokkanische und auch deutsche Gerichte serviert. Tafeln wie in 1001 Nacht.

Japanisch

Sushi-Bar Tatsumi
Wollmatinger Straße 70b
Telefon: 07531 3621009
www.sushibartatsumi.de
Schönes, stilvolles japanisches Restaurant mit vielen leckeren Sushi-Gerichten. Kleiner Außenbereich. Reservierung empfohlen!

Beliebt: »Il Boccone« am Südrand der Altstadt.

■ **Immer gut frequentiert: Lokale an der Marktstätte.**

Bo Dai Ko
Stadelhofgasse 1
Telefon: 07531 458219
http://bodaiko.de
Kleines japanisches Sushi-Restaurant in Stadelhofen. Das Ambiente ist japanisch und wer möchte, kann an typisch japanischen Tischen in Essnischen knien, wobei man dort vorher die Straßenschuhe ablegen sollte. Im Sommer gibt es auch die Möglichkeit, draußen zu sitzen. Große Auswahl an guten original japanischen Sushi-Gerichten.

Spanisch

La Bodega
Schreibergasse 40
Telefon: 07531 27788
(Reservierung erforderlich)
Gemütliche und sehr beliebte Tapas-Bar mit urigem Ambiente, versteckt im Gassenlabyrinth der Niederburg. Gute spanische Küche mit köstlichen Tapas-Variationen.

Costa del Sol
Sankt-Johann-Gasse 9
Telefon: 07531 2295
Bei leckerem spanischem Essen und spanischen Gitarrenklängen fühlt man sich hier in der Niederburg wie im Urlaub an der Sonnenküste. Gemütliches Ambiente und gute Küche.

Thailändisch und sonstige asiatische Küche

Meera
Friedrichstraße 32
Telefon: 07531 3692786
www.meera-restaurant-konstanz.de
Beliebtes Restaurant mit sehr leckerer Asia-Küche. Schönes Ambiente und Außenbereich.

Bangkok
Brauneggerstraße 47
Telefon: 07531 15589
www.bangkok-konstanz.de
Kleines thailändisches Restaurant westlich der Altstadt (Paradies). Angenehm schlicht, aber mit thailän-

Im Paradies: das Bangkok.

discher Eleganz eingerichtetes Lokal, bietet eine reiche Auswahl an leckeren, traditionellen Gerichten aus der Thaiküche. Reservierung empfohlen!

Karma
Sigismundstraße 14
Telefon: 07531 3698024
www.karma-konstanz.de
Asiatisches Restaurant mit schönem Ambiente und guten Gerichten aus der Region Singapur. Singapurs Küche besticht durch seine Einflüsse aus Indien, Thailand, Malaysia und China, dementsprechend vielfältig ist die Speisekarte.

Schloss Seeheim
Eichhornstraße 86
Telefon: 07531 6922600
www.schloss-seeheim.com
Wie ein Märchenschloss an einem kleinen Weiher gelegenes Restaurant und Café mit wunderschöner Außenterrasse. Gute thailändische Küche in zauberhaftem Ambiente. Es liegt nahe am Uferweg beim Strandbad Hörnle.

Türkisch

Sedir
Hofhalde 11
Telefon: 07531 29352
www.cafe-restaurant-sedir.de
Türkisches Restaurant in der Nähe des Münsterplatzes mit großer Auswahl an preiswerten Gerichten. Das Gasthaus erscheint von außen nicht besonders attraktiv. Das Ambiente des beliebten Lokals ist, abgesehen von den vielen alten Uhren an den Wänden, schlicht, aber gemütlich.

Eumel
Hüetlinstraße 23
Telefon: 07531 22447
Das beliebte Lokal am südlichen Rand der Altstadt (Stadelhofen) besticht durch seine reichhaltige Speisekarte mit vielen leckeren Gerichten zu günstigen Preisen.

Radieschen
Hohenhausgasse 1
Telefon: 07531 22887
www.radieschen-konstanz.de
Auch wenn der Name der ehemaligen

Studentenkneipe eher ein vegetarisches Vollwertrestaurant vermuten lässt, handelt es sich hier um ein nettes türkisches Restaurant im Herzen der Altstadt. Gute Auswahl an eher preiswerten Gerichten.

Vegetarisch, vegan

Es gibt viele Lokale in Konstanz, die vegetarische und vegane Speisen anbieten – siehe auch http://konstanz.vebu.de/restaurants. Eine reichhaltige vegetarische Speisekarte bieten auch traditionell indische, asiatische und orientalische Restaurants. Hier eine Auswahl von Lokalen mit überwiegend vegetarischen oder veganen Gerichten, oft in Bioqualität.

SOL Caffebar Vegifood
Ebertplatz 4
Telefon: 07531 9364990
http://sol-konstanz.de
In dem Café und Schnellrestaurant in Petershausen, nahe am Rheinufer, werden ausschließlich vegane Speisen wie Veggie-Burger, Suppen, Salate, Smoothies und Kuchen in guter Bioqualität angeboten.

Eugens
Münzgasse 1
Telefon: 07531 9768689
www.eugens.bio/home.html
Neben Fleischgerichten viele gute vegetarische und vegane Gerichte in Bioqualität, auch vegane Kuchen.

VIDA Store Konstanz
Neugasse 20
Telefon: 07531 2824680
www.eatdifferent.de/store
Kleines und beliebtes Lokal mit vollwertigen Gerichten. Fast alle Zutaten kommen aus ökologischem und regionalem Anbau. Vegane, vegetarische und fleischhaltige Gerichte.

Tafeln wie in »Grimms Märchen«: Schloss Seeheim.

Suppengrün
Sigismundstraße 19
Telefon: 07531 917100
www.suppengruen.biz/de
Schicke Suppenbar mit vielen (nicht nur) vegetarischen und veganen Gerichten und großem Salatbuffet mit hauptsächlich regionalen Zutaten.

GASTRONOMIE – WEINSTUBEN UND WEINKELLEREIEN

Schon im mittelalterlichen Konstanz trafen sich die Reichsstädter gerne in ihren kleinen Trinkstuben, die sich teilweise heute noch in Form der historischen Weinstuben erhalten haben.

Weinhandlung Fritz
Niederburggasse 7
Telefon: 07531 21367
www.weinhandlung-fritz.de
Etwas versteckt in den mittelalterlichen Gassen der Niederburg liegt im Haus »zur Mugge« von 1422 im Weinkeller die »Weinhandlung Franz Fritz«, in der neben dem Verkauf auch Weine ausgeschenkt und regelmäßig Weinproben durchgeführt werden. Darüber befindet sich die sehr gemütliche Weinstube. Neben Weinen gibt es hier auch Vesper und kleine Speisen.

Weinstube Hintertürle
Konradigasse 3
Telefon: 07531 23953
www.hintertürle.de
Urige Weinstube in den dicken Mauern einer ehemaligen Lateinschule von 1617. Gute Auswahl an badischen, württembergischen, italienischen, spanischen und französischen Weinen. Dazu gibt's Vesper und kleine warme Gerichte. Gemütliches und stilvolles Ambiente.

■ **Beliebter Treff am Mittag: Obermarkt.**

Tamaras Weinstube
»Zum guten Hirten«
Zollernstraße 6–8
Telefon: 07531 284318
http://tamaras-weinstube.de
Gute Auswahl an Weinen aus der Region, aus Italien und Spanien. Dazu gibt's ofenfrische »Dünnele« oder Vesperplatten.

Spitalkellerei Konstanz
Brückengasse 16
Telefon: 07531 12876-0
www.spitalkellerei-konstanz.de
In dem aus dem frühen Mittelalter stammenden großen Kellergewölbe wird auch heute noch der Wein zur Reifung gelagert. Die Kellerei ist zwar kein Weinlokal, aber es werden regelmäßig Weinproben mit Verkäufen im historischen Gemäuer veranstaltet. Es gibt öffentliche Weinproben und für Gruppen können Weinproben vereinbart werden.

KINDER-PROGRAMM

Kinderfest Konstanz / Kreuzlingen
Telefon: 07531 1330-82 bzw. -86 (Stadtmarketing)
www.kinderfest-konstanz.de
Im größten Spielzimmer am Bodensee sind alljährlich beim grenzüberschreitenden Kinderfest im September Freude, Spaß und Spannung bei den Kindern garantiert. Dabei steht vor allem das Mitmachen im Mittelpunkt.

Bodensee-Naturmuseum
Hafenstraße 9 (Im Sea Life Konstanz)
Telefon: 07531 900915
www.konstanz.de/naturmuseum
Das Bodensee-Naturmuseum auf Klein-Venedig bietet mit seinen Ausstellungen auf dem Spiel- und Lerngelände »steine im fluss« immer wieder interessante und lustige Veranstaltungen für Kinder und Eltern an.

Straßenkunst in der Fußgängerzone.

Seenachtfest
www.seenachtfest.com
Es ist eines der größten Seefeuerwerke Europas und lockt jedes Jahr im August Tausende Besucher an den Bodensee. Ein Teil des Festes besteht aus einem fantasievollen Familienprogramm in der Seestraße mit Kindertheater, Piratenmusical, Spielejahrmarkt, Puppenbühne, Bastelecken, Märchenzelt, Kunsthandwerkermarkt, Naturwerkstatt und vielem mehr.

■ **Das Sea Life am Konstanzer Hafen.**

Sea Life Konstanz
Hafenstraße 9
Tel: 07531 12827-0
www.visitsealife.com/konstanz
Im Sea Life Konstanz wird in über 40 Süß- und Salzwasserbecken mit insgesamt 660 000 Litern Wasser die Unterwasserwelt von Flüssen und Ozeanen dargestellt. Im großen Aquarium schwimmen rund 3000 Tiere von über 100 Arten. Auf einem Rundgang folgt man dem Lauf des Rheins vom Gletscher in den Alpen über Rhein und Bodensee bis hin zum mittelalterlichen Hafen Rotterdams und der Nordsee.

Insel Mainau
Die Insel Mainau ist auch für Kinder sehr interessant. Neben Highlights wie dem Schmetterlingshaus wartet das Kinderland mit Streichelzoo, Blumentieren, einer Garteneisenbahn, dem Zwergendorf, Barfußpfad, einem Bauernhof und vielem mehr auf die Kleinen. Neueste Attraktion im Kinderland ist der Abenteuerspielplatz Wasserwelt mit einer kindgerecht aufgebauten Pfahlbausiedlung, Seilfähren und Flößen. Aktuelle Informationen: Mainau-Servicezentrum, Telefon: 07531 303-0 oder www.mainau.de

Kreuzlingen: Seeufer-Anlage mit Tiergehege
www.badi-info.ch/tg/kreuzlingen-seepark.html
Der Seeufer-Anlage rund um das Märchenschloss Seeburg hat einiges für Kinder zu bieten. Neben einem interessant gestalteten ökologischen Lehrpfad entlang des Seeufers warten weitere Attraktionen auf die Kleinen und Großen. Ein großer Kinderspielplatz mit Sand- und Wasserspielbereichen befindet sich neben einem kleinen Tierpark und einer Minigolfanlage etwas nördlich des Schlosses. Auch das Seemuseum etwas südlich der Seeburg bietet viele spannende Infos für alle Altersgruppen.

Pfahlbaumuseum Unteruhldingen
Strandpromenade 6, 88690 Uhldingen-Mühlhofen
Telefon: 07556 92890-0
www.pfahlbauten.de
Die Pfahlbausiedlungen aus der Stein- und Bronzezeit (4000 bis 850 v. Chr.) werden in Unteruhldingen wieder lebendig. Sie sind UNESCO-Weltkulturerbe. Ein Highlight für Kinder wie für Erwachsene! Der Besuch dieser einmaligen Anlage im Bodensee ist immer mit einer Führung verbunden. Anschließend können spektakuläre Originalfunde und Begleitausstellungen wie die Multimediashow »ARCHAEORAMA« in den Ausstellungsräumen »an Land« besichtigt werden. Anfahrt mit dem Fahrrad oder Pkw: Über die Fähre nach Meersburg, dann auf der Landstraße L 201 (oder dem Bodensee-Radweg) bis Unteruhldingen. Pkw: Parkplatz P1 oder P2. Eine schöne und bequeme Möglichkeit ist auch ein Ausflug mit dem Schiff: www.bsb.de/insel-mainau-pfahlbauten.html.

Stadtführungen für Kinder und Jugendliche
In Konstanz werden durch die Tourist-Information auch 1,5- bis 2-stündige Stadtführungen für Kinder und Jugendliche angeboten. Sie sind bisher nur für Gruppen bis maximal 25 Personen buchbar. Näheres erfahren Sie bei Christine Furtwängler und ihrem Team.
E-Mail: stadtfuehrung@konstanz-info.com, Telefon: 07531 1330-26

Tier- und Freizeitpark Allensbach
Gemeinmärk 7, 78476 Allensbach
Telefon: 07533 931619
www.wildundfreizeitpark.de
Hier leben Wölfe, Luchse und Bären und viele weitere Tierarten auf einem

Schweineglück im Kreuzlinger Tiergehege.

Gelände von 75 Hektar. Neben den Wildtieren gibt es einen Streichelzoo und ein Kleintierhaus. Ein Abenteuerspielplatz lädt zum Spielen und Toben ein. Anreise mit öffentlichen Verkehrsmitteln: Mit dem Nahverkehrszug »Seehas« nach Markelfingen. Von dort mit dem Bus der Linie 8 zum Tier- und Freizeitpark. Anreise mit Pkw: über die B 33 Richtung Singen, dann die Ausfahrt Allensbach-Mitte nehmen und Richtung Markelfingen den Ausschilderungen folgen.

Strandbad Horn
Eichhornstraße 100
Telefon: 07531 63550
www.konstanzer-baeder.de/die-baeder/strandbaeder/horn
Im »Hörnle« ist bei schönem Wetter viel Spaß für Kinder und Jugendliche garantiert. Neben den ausgedehnten kostenlosen Liegewiesen und den schönen Badestränden gibt es Kinderbecken und Spielplätze, Beachvolleyballplätze und vieles mehr. Im See sind künstliche Badeinseln, die angeschwommen werden können. Erreichbar mit dem Bus der Linie 5.

KINOS

CineStar - Filmpalast
Bodanstraße 1, im LAGO
Telefon: 07531 3634-910 (Programm)
www.cinestar.de/de/kino/konstanz-cinestar
Modernes Kinozentrum mit mehreren Kinosälen.

Zebra-Kino – Kommunales Kino Konstanz e. V.
Joseph-Belli-Weg 5

Badespaß garantiert: im Hörnle.

Telefon: 07531 60162 (Programm), Kartenreservierungen: 07531 60190 oder per E-Mail: karten@zebra-kino.de
www.zebra-kino.de
Nicht kommerzielles Programmkino mit spannenden und unterhaltsamen Filmen jenseits vom Mainstream, häufig in Originalfassung mit deutschen Untertiteln. In der ehemaligen Chérisy-Kaserne im Stadtteil Fürstenberg.

KULTUR- UND VERANSTALTUNGSZENTREN

Bodenseeforum Konstanz
Reichenaustraße 21
Telefon: 07531 12728-0
www.bodenseeforum-konstanz.de
Hochmodernes Veranstaltungs-, Tagungs- und Kongresshaus mit verschiedenen Veranstaltungssälen im umgebauten Sitz des Solarunternehmens Centrotherm. In diesem direkt am Seerhein gelegenen neuen Zentrum der Stadt und der IHK finden neben Kongressen und Tagungen zahlreiche kulturelle Veranstaltungen statt.

Kommunales Kunst- und Kulturzentrum K9 e.V.
Hieronymusgasse 3
Büro: Obere Laube 71
Telefon: 07531 16713
www.k9-kulturzentrum.de
In den Räumen der ehemaligen Paulskirche finden zahlreiche Veranstaltungen wie Filmvorführungen, Discoabende, Konzerte, Improv-Theater, Varietés und Kabarett statt. Einzigartig sind die jeden ersten Donnerstag im Monat stattfindenden »SplitterNacht«-Abende. Hier haben Profis und (noch) unbekannte Talente die Gelegenheit, auf der für jedermann offenen Bühne kurze Beiträge zu präsentieren: Tanz, Gesang, Musik, Artistik, Kabarett, Texte, Theater oder Zauberei. Ein idealer Einstiegspunkt für alle, die den Schritt auf die Bühne wagen wollen, und ein abwechslungsreicher Abend für alle, die nur zuschauen wollen.

Neuwerk
Oberlohnstraße 3
Telefon: 07531 4549406
www.neuwerk.org
Das Neuwerk ist eine selbstverwaltete Genossenschaft, in der Gewerbe, Handwerk, Hobby, Kunst und Kultur in einem über 9000 m² großen, alten Zeltfabrikgebäude unter einem Dach vereint sind. Hier finden auch zahlreiche öffentliche Veranstaltungen wie Vernissagen, Lesungen, Konzerte, Kleinkunst und Filmvorführungen statt. Teil des Konzepts ist die Kantine mit Bewirtschaftung und günstigen Mittagstischen auch im Innenhof (www.kantine-kn.de).

Kulturzentrum am Münster
Wessenbergstraße 41/43
Telefon: 07531 900-900
www.konstanz.de/kulturzentrum
Städtisches Kulturzentrum direkt am Münsterplatz mit Kulturbüro als Ansprechpartner für Vereine, Initiativen sowie Kunst- und Kulturschaffende im Bereich der Freien Kultur, Kunstverein, Stadtbücherei, BildungsTurm und Städtischer Wessenberg-Galerie. In dem aus mehreren mittelalterlichen Häusern und

■ **Graffitibilder in Konstanzer Unterführungen.**

einem Neubau bestehenden Komplex finden unterschiedlichste kulturelle Veranstaltungen statt.

MÄRKTE

Wochenmarkt
In Konstanz findet zweimal wöchentlich an jeweils zwei Plätzen ein Wochenmarkt statt.
Auf dem Sankt-Stephans-Platz ist dienstags und freitags und auf dem Sankt-Gebhard-Platz mittwochs und samstags Markt.
Die Marktzeiten sind:
März–Okt. 7–13 Uhr
Nov.–Febr. 7.30–13 Uhr

Großer Flohmarkt
Grenzüberschreitender Flohmarkt auf zwölf Kilometer Länge im Stadtgebiet von Konstanz und Kreuzlingen. Er findet immer am Wochenende nach den Pfingstferien statt. Der Flohmarkt zieht inzwischen aufgrund seiner Größe, seines besonderen Flairs und der wunderschönen Lage in Altstadt, Kreuzlingen und am Ufer des Seerheins Besucher aus ganz Europa an. Das Einzigartige an diesem Flohmarkt ist: Er beginnt am späten Samstagnachmittag und endet erst in den Nachmittagsstunden des Sonntags. Man hat also die ganze Nacht Zeit zum Stöbern und Feilschen. Die Mitnahme von Taschenlampen wird wärmstens empfohlen.
Genaue Informationen erhalten Sie bei der Tourist-Information oder unter www.flohmarkt-konstanz.de.

MUSEEN

Rosgartenmuseum
Rosgartenstraße 3–5
Telefon: 07531 900-245
www.rosgartenmuseum-konstanz.de
Das Rosgartenmuseum bietet mit seinen zahlreichen Exponaten viele Informationen über die Geschichte, Kunst und Kultur der Stadt Konstanz und des Bodenseeraumes, von

der Steinzeit bis heute. Auch das Museumsgebäude selbst mit seinen historischen Räumen im mittelalterlichen Zunfthaus »Zum Rosengarten« und dem gemütlichen Museumscafé ist schon einen Besuch wert. Darüber hinaus gibt es jährliche Sonderausstellungen zur Kulturgeschichte und Kunst der Region. Seine Gründung geht auf den Apotheker Ludwig Leitner zurück, dessen Sammelleidenschaft im 19. Jahrhundert viele Kostbarkeiten für die Nachwelt rettete.

Kunstverein Konstanz e. V.
Wessenbergstraße 39/41
Telefon: 07531 22341
Dienstag–Freitag 10–18 Uhr, Samstag und Sonntag 10–17 Uhr.
www.kunstverein-konstanz.de
1858 gegründet, bietet der Verein regelmäßige Veranstaltungen und wechselnde Ausstellungen zur Kunst der Gegenwart und verleiht alle zwei Jahre den renommierten Konstanzer Kunstpreis.

Städtische Wessenberg-Galerie
Wessenbergstraße 43
Telefon: 07531 900-921
Dienstag–Freitag 10–18 Uhr, Samstag, Sonn- und Feiertag 10–17 Uhr.
www.konstanz.de/wessenberg
Die Städtische Wessenberg-Galerie ist aus der Sammlung des letzten Konstanzer Bistumsverwesers Ignaz Heinrich Freiherr von Wessenberg (gest. 1860) hervorgegangen und wurde kontinuierlich durch städtische Ankäufe sowie private Schenkungen erweitert. Heute ist es Teil des Kulturzentrums am Münsterplatz. Der inhaltliche Schwerpunkt liegt auf der südwestdeutschen Kunst des 19. und 20. Jahrhunderts sowie der Kunst des Bodenseeraumes und reicht bis in die Gegenwart hinein. Es werden in den prachtvollen historischen Räumen wechselweise eigene Bestände und Sonderausstellungen gezeigt.

Bodensee-Naturmuseum
Hafenstraße 9 (im Sea Life Konstanz)
Telefon: 07531 900915
Jan.–Juni 10–17 Uhr,
Juli und Aug. 10–18 Uhr,
Sept.–Dez. 10–17 Uhr.
www.konstanz.de/naturmuseum
Das Bodensee-Naturmuseum zeigt die einzigartige Landschaft des Bodenseeraumes. Schwerpunkt der Ausstellung ist die eiszeitliche Entstehung des Bodensees und die Tierwelt am Bodensee. Hinzu kommen neben einem frei zugänglichen Spiel- und Lerngelände wechselnde Sonderausstellungen.

Hus-Museum
Hussenstraße 64
Telefon: 07531 29042
1. April–30. Sept.
Dienstag–Sonntag 11–17 Uhr,
1. Okt.–31. März Dienstag–Sonntag 11–16 Uhr. Eintritt frei!
www.konstanz.de/tourismus/
Das Museum erinnert an den tschechischen Reformator Jan Hus, der während des Konstanzer Konzils im 15. Jahrhundert hingerichtet wurde. Das Haus war einer der mutmaßlichen Aufenthaltsorte von Jan Hus und wurde 1923 von der Prager Museumsgesellschaft zum Gedenken an den Reformator erworben und eingerichtet. Seit 1980 beherbergt das Museum eine künstlerisch gestaltete Ausstellung. Ihre Exponate dokumentieren in fünf Räumen das Leben und Wirken von Jan Hus und die nachfolgende hussitische Epoche.

Archäologisches Landesmuseum Baden-Württemberg
Außenstelle Konstanz
Benediktinerplatz 5 (Petershausen)
Telefon: 07531 9804-0
Dienstag–Sonntag 10–18 Uhr.
Jeden 1. Samstag im Monat freier Eintritt!
www.konstanz.alm-bw.de
Das Archäologische Landesmuseum zeigt auf drei Stockwerken Funde und Erkenntnisse der Landesarchäologie in Baden-Württemberg.

Kulturzentrum am Münster
siehe Kulturzentren

MUSIK, KONZERTE

Klassisch

Südwestdeutsche Philharmonie Konstanz
Fischmarkt 2
Telefon: 07531 900-816
www.philharmonie-konstanz.de
Die Südwestdeutsche Philharmonie Konstanz wurde 1932 gegründet. Mit 60 fest angestellten Musikern erreicht das Orchester bei über 100 Konzerten pro Jahr im Raum Konstanz und der Schweiz in etwa 80 000 Menschen. Der musikalische Schwerpunkt liegt auf Barock bis zur Moderne. Das ganze Jahr über finden immer wieder Konzerte an unterschiedlichen Orten in Konstanz statt.

Kirchenmusik

In vielen Kirchen im Stadtgebiet finden immer wieder Kirchenkonzerte statt. Besonders empfehlenswert und eindrucksvoll sind die Konzerte im Münster. Infos unter: www.muenstermusik-konstanz.com. Die Tickets gibt es bei BuchKultur Opitz, Sankt Stephans-Platz 45, Telefon: 07531 17777.

Rock, Pop, Jazz

Jazzclub Konstanz
Telefon: 07531 52639
www.jazzclub-konstanz.de
Der Jazzclub ist Treffpunkt für Freigeister, Musiker, Künstler, Verrückte, Punks und Weltenbummler, um zu feiern, zu trinken, Musik zu hören und sich auszutauschen, unter dem Motto: Relax, enjoy, have fun! Er trifft sich immer am letzten Donnerstag im Monat im Kulturzentrum K9 in der Hieronymusgasse 3 zu einem Konzert mit regionalen oder überregionalen Gruppen. Auch sonst veranstaltet der Jazzclub regelmäßig Konzerte im Stadtgebiet sowie den Konstanzer Jazzherbst Ende Oktober.

Kommunales Kunst- und Kulturzentrum K9 e. V.
Hieronymusgasse 3
Telefon: 07531 16713
www.k9-kulturzentrum.de
Auch das K9 in der ehemaligen Kirche St. Paul ist immer wieder Ort von Konzerten unterschiedlichster Gruppen und Musikrichtungen.

Kulturladen Konstanz e. V. (Kula)
Joseph-Belli-Weg 5
Telefon: 07531 52954
www.kulturladen.de
Im Kula finden regelmäßig Konzerte im Veranstaltungssaal statt. Das soziokulturelle Zentrum ist vor allem Anziehungspunkt von studentischem und eher alternativ angehauchtem Publikum. Auch in der Kantine im

■ **Lounge-Bar im alten Kirchenbau.**

Neuwerk und in der Blechnerei finden immer öfter mal Konzerte statt (siehe unter Nightlife: Diskotheken, Clubs).

NIGHTLIFE – BARS, KNEIPEN, PUBS

Wohnzimmer
Schneckenburgstraße 11
Burger, House-DJs und Kultur in schön designter Bar mit alten Fauteuils, bunten Stehlampen und poetischem Charme.

Globetrotter Bar
Hüetlinstraße 14
www.globetrotter-bar.de
Bar im Stadtteil Stadelhofen mit großer Auswahl an feinen Cocktails. Der »Shaker-Majestro« und Globetrotter Jochen Schnell war auf verschiedenen Ocean-Linern Barkeeper und schüttelte schon im Nobelhotel in Papeete auf Tahiti, im Dolder Zürich und einigen anderen guten Adressen seine Cocktails, bevor er in Konstanz vor Anker ging. Neben allerlei Flüssigem gibt es im Globetrotter auch eine kleine Auswahl an Gerichten.

Destille
Mainaustraße 6
www.destille-konstanz.de
Kleine und beliebte Raucherbar in Petershausen mit günstigen Getränke- und Speisepreisen. Regelmäßige Livemusik, wechselnde DJs und auch Brettspiele für einen gemütlichen Spieleabend.

Dom
Brückengasse 1
www.dom-kon.com
Gemütlich gestylte Lounge-Bar mit großer Auswahl an Cocktails und 80er-Jahre-Musik im Herzen der Niederburg. Auch der Biergarten vor dem ehemaligen Kirchengebäude St. Johann ist lauschig und eine kleine Oase. Die Dom-Zapftische an einigen Tischen sind laut eigenen Angaben Unikate, die es so nur hier gibt. Man reserviert so einen Tisch und zapft

sich sein Bier selbst, wodurch es etwas günstiger wird. Der Bierkonsum wird digital angezeigt. Es gibt einige (Burger-)Gerichte im Angebot. Sonntags ist oft Brunch angesagt.

Khi-bar
Bahnhofstraße 6
Kleine, gemütliche Raucherbar mit guter Getränkeauswahl.

die-cocktailbar
Sankt-Johann-Gasse 4
Schicke Bar mit großer Cocktail-Auswahl in einem eindrucksvoll beleuchteten Kellergewölbe in den »Tiefen« der Niederburg.

Exxtra
Hussenstraße 28
http://exxtra-konstanz.xregional.de
Café-Kneipe beim Kulturzentrum K9 in der Altstadt mit großem Außenbereich und gemütlichem Balkon über der Hieronymusgasse. Preiswerte, gute Gerichte, auch vegetarisch. Beliebt für Spieleabende mit vielen Brettspielen zur Auswahl.

Strandbar
Webersteig 12
www.strandbar-konstanz.de
Schön am Seerhein gelegene Bar, in der abends öfter auch mal Bands auftreten. Zur Strandbar gehört natürlich auch ein kleiner Sandstrand mit Strandliegen und Sonnenschirmen. Es empfiehlt sich, abends sicherheitshalber Anti-Mückenmittel gegen eventuelle Schnakenattacken mitzunehmen.

Hafenhalle
siehe Gartenlokale

Turm
Hussenstraße 66
www.cafe-turm.com
Gemütliche Kneipe und Restaurant direkt am Schnetztor. An Freitagen, manchmal auch an Dienstagen, treten abends meist Bands auf. Im Turm gibt es badische und internationale Gerichte sowie günstige Mittagstische.

Klimperkasten
Bodanstraße 40
Alternative Musikkneipe im Süden der Altstadt mit vielen Gesichtern. Tagsüber ein gemütliches Café zum Chillen, abends, speziell am Wochenende, ein Club mit DJ. Häufig auch Livekonzerte. Gut gemischtes, eher alternativ angehauchtes, studentisches Publikum.

Logan's Irish Pub
Zogelmannstraße 2
http://logans-pub.de/location
Gemütlicher irischer Pub mit originalem Interieur eines alten Pubs aus Dublin. Kleine Speisekarte mit selbst gemachten Kartoffelecken und leckeren Burgern. Große Auswahl an Whiskey und Bieren. Verschiedene Themenabende, öfter auch mal Livemusik mit guter Stimmung sowie Fußball.

Shamrock
Bahnhofstraße 4
www.shamrock-konstanz.de
Gemütlicher, authentischer irischer Pub in der Nähe des Bahnhofs. Erfreut sich bei deutschen und vor allem englischsprachigen Studenten sowie bei Fußballfans über große Beliebtheit. Jeder Abend steht unter einem bestimmten Motto. An Samstagabenden treten regelmäßig Bands auf. Gute Auswahl an irischen und deutschen Bieren, Whiskeys sowie einfachen, aber leckeren Gerichten.

Casba
Obere Laube 55
Etwas schräge Absackerkneipe am Rand der Altstadt für den späten Abend. Das Casba ist laut und schmuddelig. (Hard-)Rockige Musik, lockeres Publikum, Dart, Tischkicker, günstige Getränkepreise, verrauchte Luft, verschlissene Möbel und deftige Stimmung ergibt die einmalige Casba-Atmosphäre, für den, der so etwas mag.

NIGHTLIFE – DISKOTHEKEN, CLUBS

Kantine im Neuwerk
Oberlohnstraße 3
www.kantine-kn.de
Tagsüber Lunchrestaurant, abends angesagter Club mit abwechslungsreicher Musik von Rock über Elektro bis hin zu 1980er-Musik, guten DJs und angenehmer Atmosphäre. Das Publikum ist recht gemischt mit hohem Studi-Anteil. Es finden regelmäßig Studentenpartys und Konzerte statt.

Kulturladen (Kula)
Joseph-Belli-Weg 5
www.kulturladen.de
Im Kula finden regelmäßig Konzerte und Discos im Veranstaltungssaal statt. Das soziokulturelle Zentrum ist vor allem Anziehungspunkt von studentischem und eher alternativ angehauchtem Publikum. Die Musikauswahl bewegt sich eher abseits des Charts-Mainstreams.

Die Blechnerei
Macairestraße 4
www.dieblechnerei.de
Eine Fabrikhalle wurde zu einer schönen Eventhalle umgebaut. Abwechselndes Programm mit unterschiedlichen Veranstaltern: von Themen- und Studentenpartys, Mixed Music, Elektro, Hip-Hop, Reggae Dance bis zu Liveacts und Bandveranstaltungen.

Maex 33
Max-Stromeyer-Straße 33
www.maex33.de
Größte Diskothek am Bodensee. Die Großdisco hat vier Dance-Floors, 12 Bars, Raucherlounge und Bistro. Das Publikum ist eher jung, die Musik Mainstream. Mottopartys mit RnB, Rock, Schlager und Charts.

Berry's Konstanz
Reichenaustraße 204
www.berrys-konstanz.de
Der Club mit Raucherlounge bietet auf zwei Dance-Floors Deephouse, RnB, Charts, Classics und Rockmusik. Studentenpartys und Stretchlimousinen-Service. Junges Publikum.

ÖFFENTLICHE VERKEHRSMITTEL: BUSSE UND BAHNEN

Im Konstanzer Stadtgebiet verkehren 15 Linien zwischen 5 und 1 Uhr. Danach gibt es mehrere Nachtschwärmer-Linien. Fahrpläne befinden sich an den jeweiligen Bushaltestellen. Darüber hinaus gibt es das Anruf-Sammel-Taxi (AST) (Telefon: 07531 803-5080). Einzel- und Tagesfahrscheine sowie das Konstanz-Ticket (für Bus und Fähre) erhalten Sie auch beim Busfahrer. Mehrfahrkarten sowie genauere Informationen mit Taschenfahrplänen erhalten Sie an den Fahrscheinautomaten, dem Counter der Tourist-Information (Bahnhofplatz 43) oder im Kundenzentrum

»Energiewürfel« der Stadtwerke Konstanz in der Max-Stromeyer-Straße 21a, Telefon: 07531 803-5000 (Service) und 07531 803-5010 (Fahrplanauskunft). Aktuelle Infos zu Fahrplänen: www.stadtwerke-konstanz.de/mobilitaet/bus.

Der Regionalzug »Seehas« mit Halt am Hauptbahnhof, Petershausen und Wollmatingen pendelt im 30-Minutentakt zwischen den Städten und Gemeinden Konstanz, Reichenau, Radolfzell, Singen und Engen. Aktuelle Infos: http://sbb-deutschland.de/strecken/seehas.

SCHIFFFAHRT

Die Bodensee-Schiffsbetriebe (BSB)
Zahlreiche regelmäßige Schiffsverbindungen auf dem Bodensee, Ausflugs-, Programm- und Charterfahrten.

Gastgeschenk der Partnerstadt Suzhou: die chinesische Haltestelle »Konzilstraße«.

Auskünfte am Hafenschalter, Telefon: 07531 3640-0, bei der Tourist-Information (siehe oben) oder im Internet: www.bsb.de.

Fähre Konstanz–Meersburg
häufig im 12–15-Minuten-Takt
https://www.stadtwerke-konstanz.de/mobilitaet/faehre-konstanz-meersburg

Der Katamaran
Verbindung Konstanz–Friedrichshafen im Stundentakt, Dauer: 50 Minuten.
Katamaran-Reederei Bodensee GmbH
Hafenstraße 6
Telefon: 07531 363932-0
www.der-katamaran.de

Personenschifffahrt Giess & Giess GmbH
Rund- und Sonderfahrten sowie ganzjähriger Kursverkehr Wallhausen-Überlingen.
Seehang 2
Telefon: 0171 7795162
www.bodensee-personenschifffahrt.de

Personenschifffahrt Wilfried Giess
45-Minuten-Rundfahrten in der Konstanzer Bucht, 2-stündige Abendfahrten zum Schweizer Unterseeufer mit der MS Möwe, Charterfahrten.
Heinrich-von-Tettingen-Straße 2a
Telefon: 07533 2177
www.moewe-konstanz.de

Solarschifffahrt

Bodensee-Solarschifffahrt
Mühlbachstraße 20
78351 Bodman-Ludwigshafen
Telefon: 07773 929315
www.solarfaehre.de

Der Katamaran auf der Fahrt in Richtung Friedrichshafen.

Es gibt auch Möglichkeit, rein solarbetriebene Boote und Fähren für Gruppen zu chartern: Das größte Solarschiff auf dem Bodensee ist die »Helio« und bietet Platz für 48 Personen. Die Solarfähre »Sole Mio« verkehrte bis vor Kurzem noch regelmäßig, aber durch immer neue Auflagen musste diese Verbindung, wie auch bei anderen Solarfähren, aus Kostengründen eingestellt werden. Sie kann aber gechartert werden: www.sole-mio.info.

Weiterhin regelmäßig pendelt die »Solarfähre Reichenau« zwischen der Insel Reichenau und dem schweizerischen Ort Mannenbach, wo sie in der Nähe des Schlosses Arenenberg anlegt. Die Besichtigung kann so mit einem Solarfährenausflug verbunden werden.
Weitere Informationen:
Solarfähre Reichenau–Mannenbach
Zur Säge 1
78479 Reichenau
Telefon: 07534 1720
www.solarfaehre-reichenau.de

SCHWIMMEN

Hallen- und Freibäder

Auskünfte über die Öffnungszeiten der städtischen Schwimmbäder erhalten Sie unter www.konstanzer-baeder.de.

Schwaketenbad
Schwaketenstraße 35
Das Hallenbad liegt in Wollmatingen. Es war bis zu einem Brand 2015 das größte Hallenbad in der Bodenseeregion. Es wird wieder neu gebaut und soll 2019 als Sport- und Familienbad wiedereröffnet werden.

Hallenbad am Seerhein
Spanierstraße 7
Telefon: 07531 942399-0
www.konstanzer-baeder.de/die-baeder/hallenbad-am-seerhein
Älteres Bad von 1937 mit 25-Meter-Becken, das öfter auch von Vereinen und von Schulen für Schwimmkurse belegt ist. An das Hallenbad schließt

■ **Ökologisches Reisen: Solarfähren.**

direkt das Rheinstrandbad an, welches in den Sommermonaten geöffnet ist (siehe unten).

Freibad in der Bodensee-Therme Konstanz
siehe Mineral- und Thermalbäder

Strandbäder

In und um Konstanz gibt es viele schöne Möglichkeiten für einen erholsamen Badetag am See oder Seerhein. Die Wasserqualität ist gut und es gibt schön angelegte Strandbäder oder auch einige naturbelassene Uferabschnitte, wie entlang des Seeuferwegs, an denen Baden erlaubt ist.

Rheinstrandbad
Spanierstraße 7
Telefon: 07531 942399-0
www.konstanzer-baeder.de/die-baeder/rheinstrandbad
Das denkmalgeschützte, im Jahr 1936 erbaute See-/Freibad liegt direkt am Seerhein nahe des Radler- und Fußgängersteges. Es umfasst Kinderbecken, Schwimmbecken, Sprungturm, Rhein-/Seewasserzone (Vorsicht: starke Strömung!), Liegewiese, Spielflächen für Badminton und Tischtennis sowie Restaurant. Gut zu Fuß von der Altstadt oder mit dem Bus (Linie 6) erreichbar. Das Bad kostet Eintritt. Wer weniger Komfort braucht und dafür kostenlos baden und in der Sonne liegen möchte, kann dies auf dem sich westlich anschließenden Grünbereich zwischen Uferpromenade und Seerhein tun. Diese Plätze sind besonders bei Studenten und jüngerem Publikum begehrt. Besonders für kleine Kinder ist hier das Schwimmen aufgrund der starken Strömung gefährlich und sollte, wenn überhaupt, nur unter sorgsamer Aufsicht eines Erwachsenen stattfinden.

Strandbad Horn
Eichhornstraße 100
Telefon: 07531 63550
www.konstanzer-baeder.de/die-baeder/strandbaeder/horn
Das Strandbad Horn (auch »Hörnle« genannt) ist mit rund 52 000 m^2 Liegewiesen sowie einer Strandlänge von 600 Metern das größte Strandbad in der Umgebung von Konstanz und liegt im Freizeit- und Erholungsgebiet Horn/Lorettowald. Es gibt Flächen für Beachvolleyball, Tischtennis, Ringtennis, Basketball, Softball, Badminton, Minigolf sowie mehrere Badeinseln sowie einen FKK-Bereich, Strandbad-Restaurant Hörnle mit Kiosk und großer Außenbewirtschaftung. Der Eintritt ist frei. Erreichbar mit dem Bus der Linie 5.

Strandbad Litzelstetten
Am See 44/46
Telefon: 07531 43166
www.konstanzer-baeder.de/die-baeder/strandbaeder/litzelstetten
Schönes Strandbad im Stadtteil Litzelstetten mit großer Liegewiese, Kiosk mit Terrasse, Beachvolleyballplatz und einem Kinderspielplatz. Erreichbar mit den Bussen der Linien 6 und der Ringlinien 4/13 und 13/4. Der Eintritt ist frei.

Strandbad Dingelsdorf
Zum Klausenhorn 121
Telefon: 07533 53 11
www.konstanzer-baeder.de/die-baeder/strandbaeder/dingelsdorf
Schön gelegenes Strandbad im hübschen Stadtteil Dingelsdorf am Naturschutzgebiet Klausenhorn. Neben großen Liegeflächen und einem Spielplatz für Kinder gibt es einen Beachvolleyballplatz sowie einen Kiosk mit Terrasse. Erreichbar mit den Bussen der Ringlinien 4/13 und 13/4. Der Eintritt ist frei.

Strandbad Wallhausen
Uferstraße 39
Telefon: 07533 9977164
www.konstanzer-baeder.de/die-baeder/strandbaeder/wallhausen
Strandbad im Stadtteil Wallhausen mit Minigolfplatz und großer Liegewiese, Kinderspielplatz und Beachvolleyballplatz sowie nettem Biergarten. Erreichbar mit den Bussen der Ringlinien 4/13 und 13/4. Der Eintritt ist frei. Wallhausen ist ein guter Ausgangspunkt für Wanderungen entlang des Steilufers zur nordwestlich gelegenen Marienschlucht. Am Strandbad können auch Kanus ausgeliehen werden, mit denen man diesen wildromantischen Uferbereich erkunden kann.

Mineral- und Thermalbäder

Bodensee-Therme Konstanz
Zur Therme 2
Telefon: 07531 36307-0
www.therme-konstanz.de
Schöne Lage an der Konstanzer Bucht im Freizeit- und Erholungsgebiet Horn/Lorettowald. Neben dem großen Sportbecken, der Liegewiese und einem Thermalbecken (34 °C) im Freibadbereich hat das Bad auch ein Thermalbecken (33 °C) im Innenbereich, einen Quelltopf (36 °C) sowie eine wunderschön in den »Schiffbug« eingebaute Sauna-Welt mit Panorama-Sauna, Dampfbad, Tauch- und Relaxbecken und Ruheräumen. Bade- und Saunawelt (im Sommer auch das

Freibad) können getrennt bezahlt werden. Erreichbar mit dem Bus der Linie 5.

Meersburg-Therme
Uferpromenade 12
Telefon: 075 32 440-2850
www.meersburg-therme.de
Bequem durch die Fähre erreichbar, lohnt sich auch ein Ausflug zur schön gestalteten Meersburg-Therme, die etwas oberhalb des Seeufers am östlichen Ende der Meersburger Altstadt liegt. Die Meersburg-Therme bietet unter anderem ein großzügiges Thermalbecken (35 °C), verbunden mit einem schön gelegenen Außenbecken. Darüber hinaus gibt es neben einem Erlebnisbecken mit Strömungskanal, einer Felswand mit Kaskaden und einem großen Sonnendeck mit Gastronomie auch eine exotisch gestaltete Saunalandschaft. Bade- und Saunawelt (im Sommer auch das Freibad) können getrennt bezahlt werden. Erreichbar mit einem kurzen Fußmarsch vom Fährhafen oder mit dem Pkw.

STADT- UND NATURFÜHRUNGEN

Stadtführungen finden vom 1. April bis Ende Oktober statt. Es gibt spannende Führungen zu verschiedensten Themen wie »Mit der Laterne auf Spuren düsterer Geschichte(n)«, »Pfaffen, Ketzer, Kurtisanen«, »Auf

Bodensee-Therme Konstanz.

den Spuren des Konzils« oder Nachtwächterrundgänge. Voranmeldungen sind nicht erforderlich. Termine und Themen der Führungen können bei der Tourist-Information erfragt werden (siehe oben). Treffpunkt: Tourist-Information Konstanz, Bahnhofplatz 43.

Informationen zu unterhaltsamen anekdotischen Stadtführungen für Gruppen erfahren Sie unter http://stadtfuehrung.comedycation.de oder Telefon: 07531 813158.

Darüber hinaus gibt es auch »kulinarische Stadtführungen«, in denen die visuellen Entdeckungen durch verschiedene kulinarische »Geschmackserlebnisse« bereichert werden. Näheres unter: www.kulinarische-stadtfuehrung-konstanz.de oder Telefon: 07531 61181.

Spannende Stadtführungen zu verborgenen Winkeln der mittelalterlichen Konzilstadt und Schauplätzen namhafter Persönlichkeiten werden von See-Guide angeboten, siehe: www.see-guide.com. Weitere Infos unter Telefon: 07531 2846643.

Interessante Naturführungen mit Vogelbeobachtungen durch das am westlichen Stadtrand liegende Naturschutzgebiet Wollmatinger Ried werden durch den Naturschutzbund NABU angeboten. Die drei bis fünf Kilometer langen Rundtouren beginnen beim »Vogelhäusle« in der Fritz-Arnold-Straße 2e in Konstanz. Genaueres erfahren Sie im NABU-Naturschutzzentrum Wollmatinger Ried, Kindlebildstraße 87, 78479 Reichenau, Telefon: 07531 78870 oder unter www.nabu-wollmatingerried.de.

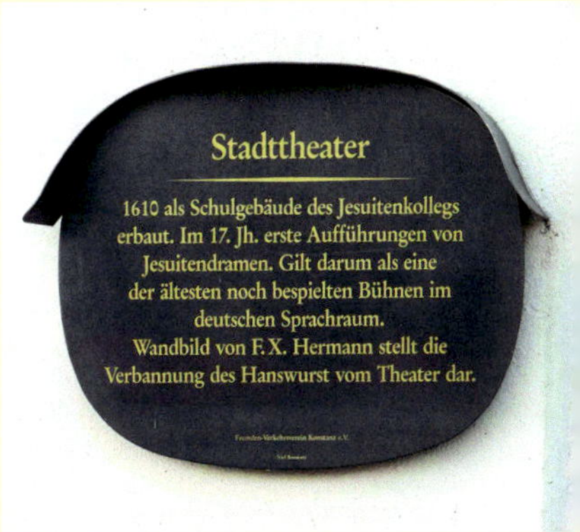

■ **Infotafel am Stadttheater.**

THEATER & BÜHNEN

Theater Konstanz
Konzilstraße 11 (Spiegelhalle: Hafenstraße 12, Werkstatt: Inselgasse 2–6)
Telefon: 07531 900150
www.theaterkonstanz.de
Die Geschichte des Stadttheaters begann Anfang des 17. Jahrhunderts mit einer verbürgten Aufführung über das Leben des heiligen Konrads im damaligen Jesuitengymnasium, dem heutigen Stadttheater. Konstanz besitzt heute somit eine der ältesten dauerhaft bespielten Bühnen Deutschlands. Neben dem Stadttheatergebäude an der Konzilstraße mit 400 Zuschauerplätzen nutzt das Theater Konstanz die »Spiegelhalle«, ein ehemaliges Hafengebäude, für seine Produktionen, insbesondere für experimentelles und junges Theater sowie die »Werkstatt« in der Inselgasse als Figuren- und Puppentheater. Das Stadttheater Konstanz hat einen weit über die Grenzen Baden-Württembergs bekannten guten Ruf. Es war und ist immer wieder Arbeitsort namhafter Schauspieler,

Regisseure und Bühnenautoren wie Ursula Cantieni, Siegfried Lowitz oder Verena Plangger.

Theater Hochschule Konstanz
Brauneggerstraße 55, Gebäude E, Raum 104
Telefon: 07531 206-330
www.theater.htwg-konstanz.de
Modernes und experimentelles Theater der Hochschule für Technik, Wirtschaft und Gestaltung, University of Applied Sciences. Bei den unterschiedlichsten Stücken wirken zahlreiche Studierende der Hochschule mit.

Unitheater Konstanz (UTK)
Studiobühne der Universität Konstanz in Raum A 500 (direkt unter dem Audimax)
Universitätsstraße 9
Telefon: 0178 3465439
www.uni-konstanz.de/theater
Das Universitätstheater Konstanz existiert als Zweig der Philosophischen Fakultät seit mehr als 30 Jahren und es werden jährlich zwei bis drei Produktionen aufgeführt. Der Kern des Universitätstheaters besteht aus Studierenden verschiedenster Fachrichtungen, die es sich zum Ziel gesetzt haben, freies Theater mit (möglichst) professionellem Anspruch zu machen.

Hermes-Theater
Konstanz-Dettingen
Dettinger Rathaus
Telefon: 07533 1555
www.hermestheater.de
Das Hermes-Theater in Dettingen ist eine freie Theatergruppe, die in Deutschland selten oder nie gespielte Stücke europäischer Dramenautoren zeigt. Seit einigen Jahren finden die Aufführungen im Dettinger Rathaus statt. Buslinien 13 und 4, Haltestelle »Ortsmitte«.

Kommunales Kunst- und Kulturzentrum K9 e. V.
siehe Kulturzentren

Theater an der Grenze
CH-8280 Kreuzlingen
Hauptstraße 55a
Telefon: 004171 6776111
www.theaterandergrenze.ch
Im 1968 gegründeten Theater finden pro Jahr 15 bis 20 Aufführungen zwischen Theater, Kabarett, Musik und Literatur sowie Gastspiele statt.

TOILETTEN, ÖFFENTLICHE UND »NETTE TOILETTEN«

Im Stadtgebiet gibt es verschiedene öffentliche Toiletten. Außerdem bieten auch einige Institutionen und Lokale ihre Toilette zur kostenlosen Nutzung an (»Nette Toilette«), die ebenfalls hier aufgeführt sind. Diese WCs sind mit dem grünen »Nette Toilette«-Logo ausgezeichnet (siehe auch behindertengerechte Toiletten).

Innenstadt, Paradies und Hafen

Marktstätte (Unterführung),
Stephansschule (Stephansplatz 17),
Bürgerbüro (Untere Laube 24),
Stadtgarten (Pavillon),
Bahnhof,
Kulturzentrum am Münster (Wessenbergstraße 43),
Voglhaus (Wessenbergstraße 8),
Parkhaus Altstadt (Untere Laube),
Magic Mount (Untere Laube 16),
RAD-CENTER Paradies (Untere Laube 32),

Marketing und Tourismus GmbH Konstanz (Obere Laube 71), Kultur-Rädle (Bahnhofsplatz 29), LAGO Shopping Center (Bodanstraße 1), Sea-Life-Center (Hafenstraße 9), Stadtwerke (alle Fährschiffe und Länderbauten), Palmenhaus/Zum Hussenstein (Paradies), ERA Immobilien (Kreuzlinger Straße 2), Cantina Rabaja (Kreuzlinger Straße 7).

Petershausen

Sternenplatz (Unterführung), Mainaustraße (Kiosk, Heinrich-Suso-Gymnasium), Restaurant Seerhein (Spanierstraße 3), Seerhein-Center (Zähringerplatz), IBIS-Hotel, Landratsamt Konstanz, Archäologisches Landesmuseum und Musikschule (alle Benediktinerplatz).

WC für Menschen mit Behinderung

Bürgerbüro, Stephansschule, Bahnhof (Gleis 1), Kulturzentrum am Münster, Landratsamt, Archäologisches Landesmuseum, Freizeitbad Horn, C&A, EDEKA, Frischemärkte Baur, Stadtgarten (Pavillon am See), WC Parkplatz Döbele, Sea-Life-Center, Seerhein-Center (Zähringerplatz), LAGO Shopping Center.

Zeichen an Konstanzer Lokalen mit »Netten Toiletten«.

UNTERKUNFT, ÜBERNACHTEN IN KONSTANZ

Buchungsadressen für Hotels, Pensionen und Privatzimmer mit Überblick über die Verfügbarkeit im Internet: www.konstanz-buchen.de oder www.konstanz-tourismus.de oder telefonisch bei der Marketing und Tourismus GmbH Konstanz, Telefon: 07531 1330-30.

WASSERSPORT

Kanuverleih und -touren

KanuZentrum Konstanz La Canoa
Robert-Bosch-Straße 4
Telefon: 07531 959595
www.lacanoa.com

Traum vom Urlaub am Meer: Konstanzer Jachthafen.

Paddelprofi Konstanz
Kanustation DKV-Campingplatz
Fohrenbühlweg 48 (Staad)
Telefon: 0176 80271039
https://www.paddelprofi.de/
Kanustation Wallhausen am Strandbad Wallhausen (siehe Strandbäder).

Segel-/Motorbootschulen

Der Bodensee und auch der Seerhein sind ein wahres Eldorado für Segler und Motorboote. Daher wimmelt es an günstigen Sommertagen nur so von Jachten und Booten auf der Wasseroberfläche. Das Seeklima ist jedoch manchmal unberechenbar und besonders plötzlich auftretende Sommergewitter sind gefürchtet.

Segelschule Konstanz
Hafenstraße 7
Telefon: 07531 919115
www.segelschule-konstanz.de

Wilde Flotte, Segel- und Wassersportschule Konstanz-Wallhausen
Untere Bündt 6
Telefon: 07533 9978802
www.wilde-flotte.de

Segelschule Tom's Aqua Club
Segel-, Windsurf- und Motorbootschule in Staad
Fohrenbühlweg 54
Telefon: 07531 35287
www.toms-aqua-club.de

Stand Up Paddling

Stand Up Paddle Station
»SUP HORN« im Freibad Hörnle
Eichhornstraße 100
Telefon: 0151 23473180
www.sup-horn.de

Kanuzentrum Konstanz La Canoa
siehe Kanuverleih. Hier werden auch Kurse und Stand-Up-Paddling-Touren angeboten.

Surfschulen und Surfbrettverleih

Das Surfen auf dem Bodensee ist im Rahmen der Vorschriften der Bodensee-Schifffahrts-Ordnung (BSO) nur in den dafür freigegebenen Windsurfrevieren erlaubt. Der Bodensee gilt insbesondere durch die Gefahr plötzlich auftretender Sturm- oder Orkanböen und Föhneinbrüche als nicht ganz ungefährliches Surfrevier. Stetige Winde gibt es hier nicht, und man muss die Wetterlagen mit ausreichend starken West- oder Föhnwinden nützen. Ein beliebtes Surferrevier mit häufigen Westwinden ist der Untersee auf der Westseite der Reichenau. Es gibt auch mögliche Bereiche im Konstanzer Stadtgebiet, aber nicht direkt in der Konstanzer Bucht, wo das Kitesurfen grundsätzlich verboten ist.

Der Surf Bauch
Wollmatinger Straße 77
Telefon: 07531 53911 oder 0172 825893
www.surfbauch.de

Segelschule Tom's Aqua Club
siehe Segel-/Motorbootschulen

Tauchen

Die Tauchgründe des Bodensees sind nicht zu verachten. Besonders beliebte Tauchgebiete für Fortgeschrittene sind die Steilufer des Überlinger Sees nördlich von Wallhausen bei der Marienschlucht, die Steilwände bei Meersburg oder der 1864 gesunkene Raddampfer Jura bei Bottighofen.

Tauchschule Meersburg
Von-Laßberg-Straße 1 (Meersburg)
Telefon: 07532 9277
www.tauchschule-meersburg.de

Tina's Tauchschule
Uferstraße 22 (Wallhausen)
Telefon: 07534 1530
www.tinas-tauchschule.de